글쓴이란 이름으로

글쓴이란
이름으로

/ 심정기 지음 /

좋은땅

머리말

생각하고
그리며 쓴다.

살아온 인생 속에서
지나간 세월 속에서
자연과 어우러져 생각하고 그리며 써 왔다.

"삶"이란 숫한 이야기들과 사연들까지 쓰고 다듬고 만들었다.

때로는
눈으로 보고,
귀로 듣고, 입으로 말하며 찾았다.

자연 속에서
인생 속에서
세월 속에서 그렇게 찾고 또 찾으며 만들어 왔다.

한번쯤
생각도 해 보고

때늦은 감에 후회도 해 가며
"시작은 반이다"란 한 단어의 글귀를 생각도 했다.

도전해 보지도 않고
늦었다는 생각 자체가 핑계일 뿐이다.

쉽게 정할 수 없기에 두려움 또한 생긴다.
"할 수 있다"라는 자신감 그것만이 나를 일깨워 줬다.

처음 시작과 끝이 보였다.
나에게 새로운 도전은 무기력한 "삶" 자체를
집어삼켜 버렸다.

난 당당하게 일어섰다.
그리고 외쳤다. "난 해냈다고."

태어나 지금까지 살아온 나의 인생
여기 "책 한 권에 마지막 삶의 보람"을 찾았노라고.

드리고 싶다.
"글쓴이란 이름"으로 소중한 나의 선물을.

목차

제1절

자연은 살아 "숨" 쉰다
난 "너"에게 들려주리라

(1문 ——— 61문까지)

• *008* •

제2절

"삶"이란 인생길 걸어간다
멈추고 싶을 때까지

(1문 ——— 41문까지)

• *074* •

제3절

가 버린 세월 속으로
묻혀 가리다

(1문 ——— 33문까지)

• *122* •

제4절

아주 작지만
꾸밀 수도
숨길 수도
지울 수 없는 잊어버린 그림자 되다
(1문 ——— 31문까지)
· *160* ·

제5절

마음을 담아 보내리
이런 내가 "너" 지금 고마울까?
(1문 ——— 36문까지)
· *194* ·

제1절

자연은 살아 "숨" 쉰다
난 "너"에게 들려주리라

1. 천(天) 고(高)
2. 들녘
3. 터(址)
4. 지평선(地平線)
5. 흙
6. 소중한 생명(生命)
7. 자연이 주는 선물
8. 붉은색 보리밥 열매
9. 풀씨
10. 움츠렸던 마음
11. 꽃잎
12. 한 조각
13. 웃음꽃
14. 일출
15. 뜨는 달님 지는 달님
16. 한 계절 슬픈 인연
17. 아침 안개 하얀 꽃 피우고
18. 봄 아가씨
19. 춘삼월
20. 토끼풀 꽃반지 약속
21. 봄 찾아오는 첫 손님
22. 얼음판 웃음꽃
23. 너풀너풀 하얀 꽃잎 한들한들 노란 꽃잎
24. 봄소식
25. 5월
26. 영롱한 아침 이슬 한 방울
27. 초여름 문턱으로
28. 여름 불청객 모기 손님
29. 갈대
30. 마파람 불며 비가 오려 한답니다
31. 이슬비 내리고 가랑비 내리면
32. 비님을 기다리는 이 마음
33. 가을 들녘
34. 조개들의 둘총 싸움
35. 주렁주렁 붉은색 고구마
36. 늙은 호박 한 덩이
37. 가을빛 향기 속으로
38. 마음속의 10월의 풍경화
39. 넓적부리 저어새
40. 늦은 가을 보내기까지
41. 가을을 밟고서
42. 파랑
43. 끝자락에 선 한 계절
44. 왕 대추가 주렁주렁
45. 사각모 쉼터에서 김밥 한 조각
46. 은행나무
47. 너와 나 때 이른 만남
48. 청개구리 울음소리
49. 마음속에 겨울 동화 나라
50. 추운 겨울도 한철이라며
51. 나는 가고 너는 오고
52. 하얀 물줄기에 이내 마음 실어서
53. 겨울 동장군 나는 싫은데
54. 좁다란 도랑물 위 살얼음
55. 그리움만 한가득 남겨 놓고서
56. 겨울비
57. 마음속에 잊힌 옛날이야기
58. 아름다운 선물
59. 단비
60. 천고마비(天高馬肥)
61. 찬바람이 나다

천(天) 고(高)

(1-1)

높다
푸르다
살아 숨 쉰다

잡으려 한다

닿을 듯
말 듯
닿을 수 없음에

사색(思索)의 계절은
영혼(靈魂)이 익어 간다.

들녘

(1-2)

자연의 현상 속 하나일 뿐이다
자욱한 안개 "너"란 초록빛 들녘을 삼켜 버렸다
방울 - 방울 대롱 - 대롱
가느다란 풀잎 위 걸터앉은 아침 이슬 한 방울
마음속에 영롱한 진주가 되어 시가 되고 노랫말 가사를 만든다
한 걸음 두 걸음 발걸음 옮길 때마다
들녘의 싱그러운 미소는 아름다워라
가만히 서 숨 쉬고 있을 때 너에 대한 사랑 다시 피어나리라
"나" "너" 그리울 때 보고파질 때 지그시 눈을 감는다
네 시선 따라가다 보면 아득히 먼 곳이라
그곳에 더는 내가 없다
난 아직도 삶의 한 조각 살아 숨 쉬고 있는데 ----
세월의 시기 속에 진실된 하얀 선 하나
네 영혼이 다가오는 소리 들린다
그리고 내 마음속 깊은 곳에 자리를 잡는다.
들녘의 고귀하고 아름다운 사랑을 들려주면서 ----

터(址)

(1-3)

바람에 날개 달았다

나는 여기에 너는 저기에

양지바른 언덕배기 쉬어 가려 앉았는데

고달픔도 한 줌 외로움도 한 줌
여기가 내 집인가 터(址)를 잡았다

살아 숨 쉬는 생명(生命)의 한 조각들
가만히 숨 쉬고 있을 때

보이는 게 전부가 아닌
따뜻한 너의 온기는 포근히 날 감싸안는다

그리고 속삭인다
이런 내가 고맙지? 라고.

지평선(地平線)

(1-4)

끝없는 선(線) 하나 사이

천 고(天 高)가 있다
땅 지(地)가 있다

"천고"는 높고 푸르다
"땅 지"는 노란 황금빛 수평선 또 하나 있다

너는 "너"
나는 "나"

서로의 끝이 아닌
"땅"과 "하늘"이 만나는 선(線) 하나

소중함으로 남겨 둘 뿐이다.

흙

(1-5)

"넌"
"날" 품었다, 고귀함도 같이

아름다운 사랑을 준다
거짓이 아닌 "진실한 사랑"을

부드러움에 따뜻한 너의 온기는
"날" 포근히 감싼다

평온한 마음속 힘들었던 "삶" 하나
뿌리를 내린다

그리고 꽃을 피운다
결실의 열매가 맺힌다
잉태한다

"넌" 살아 숨 쉰다
모든 생명을 "너"의 "품" 안에 안고서 ——

소중한 생명(生命)

(1-6)

겨우내 땅속으로 몸을 숨겼다

"나뭇잎 하나"
이불 벗 삼아 한소끔 잤더니만
싱그러운 아침 햇살 따스한 손을 내민다

손끝에 전해 온 그대의 맑고 고운 숨결에
내 "영혼"은 살아 숨 쉰다

그리고
껍질 속 잉태한 소중한 생명(生命)은

오늘
꽃을 피웠다.

자연이 주는 선물

(1-7)

"넌" 모르지?
"네"가 가까이 있음에도 평소엔 모른다
무엇을 주는지도, 얻는지도 까맣게 잊어버린다

"네"가 보여 주는 모든 것들은
눈과 귀, 마음에서 만족감을 얻는다

"아"하는 감탄 소리와 함께
기쁨을 줄 만큼 예쁘기도, 곱기도 하다

"나" 지금 조용히 숨 쉬고 있을 때
네가 주는 "진실된 삶"의 영혼은 참되고 거짓이 없는
순수하면서 영원한 진리일 것이다

감사히 받는다
네가 주는 행복도 사랑하는 이 마음도

그저 고맙게 받을 뿐이다.

붉은색 보리밥 열매

(1-8)

6월의 푸르름 속 화창한 "들녘"
누렇게 익은 보리 이삭들 고개를 숙인다
여기저기서 보리타작이 한창인 수확의 계절에
길가 울타리 옆 푸른 잎사귀 사이로
"다닥다닥" "대롱대롱"
가느다란 나뭇가지 줄기에 매달린 잘 익은 "보리밥 열매"
붉은색 띠고 옅은 하얀색 점들 촘촘히
조금은 기다란 주머니 차셨다
달짝지근하면서도 약간의 떨떠름한 맛 그리고 연한 과즙까지
어릴 적 따 먹었던 추억 속 그 입맛이 가까이 다가온다
지금도 그때 그 시절 잊지 못하고
보리밥 기다란 주머니에 쌀밥만 한가득 담아
배고픔으로 허덕이던 어릴 적 틈 속으로 꾸역꾸역 집어넣는다
가느다란 가지에 매달린 붉은색 보리밥 열매
바람 불면 대롱대롱 흔들흔들
6월의 초록빛 싱그러움 속으로 널 감싸 안아준다

풀씨

(1-9)

하늘을 난다 바람에 실려 난다
새하얀 깃털로 몸치장하고 빙글빙글 돌아 날기도 한다

"너는 살아 있다"
온갖 버거울 정도의 무게 속에서
만나고 부딪치며 생존을 위해 몸부림친다
한낱 보잘것없는 하찮은 생명이지만
그 생명의 소중함은 너의 "삶" 모든 것이 이루어진다

꽃을 피운다
이름도 없는 들꽃으로 조그마한 돌 틈 사이 숨어 살다
때가 되면 소중한 생명을 잉태한다

생명의 존엄함을 위해 치열하게 싸움도 한다
그 실체는 어디에도 없는데 ——
나 자신을 위한 싸움이고 후손들을 위한 쟁탈전이다

하나의 "삶"이 익어 간다

세월 속에서 네 영혼도 익어 간다

"너"란 존재만 덩그러니 남아 있는 메마른 줄기 하나

훌훌 털어 버린 "삶"의 흔적들
다시 태어나고 이대로 죽어 간다
아주 작고 고귀한 "삶"도 끝이 난다

끝나가는 너의 "삶"에서 다시 뿌리가 내린다
"생명"이 붙어 있는 모든 "삶"의 자체가
끝없이 오고 가는 것이라는 사실을 우리는 인정한다

태어나 잉태하고 여물어 가는 하나의 작은 "풀씨"처럼
네 영혼이 살아 숨 쉬는 소리 들린다

그리고 "나"
"다시 태어난다"고 속삭인다.

움츠렸던 마음

(1-10)

봄기운 찾아온 양지바른 언덕배기
겨우내 움츠렸던 새싹들 파릇파릇 기지개 켜며
한 잎, 두 잎 두 팔 벌려 따스함 받아들이고
살포시 지나가는 봄바람에 고맙단 말 전해 주란다

길가 옆 수양버들은 연녹색으로 물이 오르고
어느새 밥풀만한 꽃눈도 살짝 부풀어 올랐다

우리 곁에 찾아온 따스한 봄소식
여기저기 들려오건만

나에겐
아직도 추운 겨울 움츠렸던 마음뿐이다

꽃잎

(1-11)

한들 한들 살포시 어여쁜 날개 달고
사색(思索)의 계절 속에 "봄"이란 이름도 가졌다

붉은색, 분홍색, 노랑까지도
색색의 빛과 향기는 보이는 게 전부가 아닌
너의 고운 숨결이 되었다

싱그러운 아침 햇살아래 영롱한 아침 이슬 한 방울
너의 영혼 속으로 아름다운 찬가를 들려준다

한 잎, 두 잎, 세 잎 어느새 흩날리는 너의 몸짓은
스쳐 가는 바람 뒤 숨어서 그리움을 남긴 채
네가 날 버린 네가 날 떠난 이별이
모든 만남은 영원한 것이 아님을 일깨워 준다
두 눈 지그시 감고 가만히 생각해 보면 아득히 먼 곳이라

너는 너대로 나는 나대로 자연의 계절 속으로 잊혀져 가는
너의 이름 "꽃잎"이라 불러 주리라.

한 조각

(1-12)

찢겨 나간다
한 조각, 한 조각
이쪽에서 데구루루 저쪽에서 데구루루
영혼(靈魂)을 담아 구른다
아픔도 모른다
영원할 것만 같았던 푸르름을 포기한 채
지나온 세월 속으로 자취를 감춰 버렸다
바람 속에 나를 묻었다 하늘은 내려와 나를 덮는다
조각조각 찢긴 내 몸들
풀 한 포기 솜이불 되어 덮어 주고
이 몸 불태워 재가 되어 거름 되리라
한 조각 "삶"도 만남과 이별 속에서 꽃을 피울 수 있기에
"삶"의 조각이 나에게도 있다
이별은 아쉬움도 있지만 왠지 슬프다
"생명"이 다한 인연도 끝이 보인다
돌아올 수 없는 길 걷듯이 나도 걷는다
나를 버리고 간다
마지막 한 조각까지.

웃음꽃

(1-13)

가냘픈 두 언덕배기 활짝 피었다
함박꽃 봉오리에 엷은 미소 천사까지 짧은 시간이나마 행복을 준다
꺾지만 않는다면 누구나 가질 수 있는 꽃이거늘
즐거움도 준다 사랑도 준다 소중함도 있다 화려함은 없다
내뱉는 웃음소리는 답답한 마음도 뻥 하고 뚫어 버린다
들려주리라 님의 가슴 속에 아름다운 웃음꽃 피는 소리를
그대가 웃어 주는 순수한 영혼의 웃음소리는
너에 대한 소중함을 갖게 되리라
갖기는 쉬워도 버리기에 너무 아깝다
그대의 해맑은 고운 미소는
싱그러움이 가득한 아침 햇살을 꼭 닮았구려
지그시 눈을 감으면 그대의 맑고 고운 숨결이 나에게 다가온다
보이는 게 전부가 아닌 그대의 아름다운 웃음꽃에는
거짓이 아닌 진실만이 빛을 바랜다
그리고 잠시 동안 머무는 행복이지만
너의 참맛은 영원히 잊을 수 없는 사랑으로
"너"와 "나"의 웃음꽃 봉오리에
우리 둘 "영혼"은 함께 익어 간다.

일출

(1-14)

갑진년(甲辰年) 신년 새해
먼동이 트는 동녘 하늘 붉은색 노을 짙게 그려 놓고
길다란 먹구름 한 줄 옆 하얀 조각구름 하나, 둘씩 모여드는 이른 아침
새 희망을 품고 고요한 새해 아침을 맞는다
하얀 서릿발 내린 소래습지 둘레길 한가운데 서 있는 3층 전망대
너도 한 사람 나도 한 사람 자리를 잡았다
붉은색 노을 짙게 드리운 동녘 하늘 새해맞이 일출을 기다리며
너도 한 가지 나도 한 가지 새해 소망 한 가지씩
간절한 마음속에 담고서
지나온 한 해 까맣게 잊어버린 채 두 손 모으며 이루게 해 달라고
조금씩 조금씩 떠오르는 검붉은 태양을 바라보며 빌고 또 빈다
뭐라 형용할 수 없는 이내 가슴 콩당-콩당 디딜방아 소리와 함께
너무도 아름답고 경이로운 황홀경에 모든 걸 잊어버리고 우뚝 서 있다
그리고 솟구쳐 오른다
내 영혼을 빼앗아 간 저 붉게 타오르는 태양을 보면서
가슴속 깊이 담아 놓았던 소중한 "삶" 하나하나까지
새 "삶"을 살아가기 위한 몸부림 속에서
우리는 그렇게 새해 첫날 아침 "일출"을 맞는다.

뜨는 달님 지는 달님

(1-15)

초승달 - 반달 - 보름달
반 바퀴 돌아서 뜬다

보름달 - 반달 - 초승달
한 바퀴 돌아서 진다

동쪽에 뜨면 반 바퀴
서쪽에 지면 한 바퀴

어제는 초승달 되었다
오늘은 반달 되고 내일은 보름달 된다

해가 지면 동쪽에 떠
해가 뜨면 서쪽에 지고

"뜨는 달님" "지는 달님"
반 바퀴 돌고
한 바퀴 돌아서 제자리 찾는다.

한 계절 슬픈 인연

(1-16)

푸르름으로 가득 메웠던 지난 시간들
어느새 아쉬움 한아름 안고서 붉은색, 노란색으로 옷 갈아입었다
온다 간다 말없이 가는 길, 알 수 없지만
되돌아 올 수 없는 길이기에 천천히 아주 천천히 길 떠난다

산들산들 부는 바람에 고개 숙인 갈대들 머리를 풀었다
하얀 솜털 위 몸과 영혼을 담아 어디에 터를 잡을까?
높고, 맑고, 깨끗한 가을 하늘 벗 삼아 날아오른다

들녘 저편에 황금빛 물결도 춤을 춘다
누렇게 익은 곡식들 사이로
싱그러운 들녘의 풍요와 여유를 담은 미소가 다가온다

한 계절 농부들의 땀방울 보람이
익어가는 대 자연 속에 살아 숨 쉬는 영혼(靈魂)들
어쩌면 그들은 가진 걸 웃으면서 건네줄 수 있는
아름다운 사랑의 결실을 맺는 게 아닌가 싶다

일렁인다, 먼발치에서 싱그러운 눈부신 아침햇살에
진주 같은 이슬을 머금은 오색 풀잎들
불어오는 바람에 물결 일 듯이 가을 향연을 펼친다

이연 속에서 되새김질 하는 것처럼
한 계절 슬픈 인연(因緣)은 금방 헤어질 것처럼 다가오기도 하고
영원 할 것 같이 마음 깊숙이 남아 자리를 잡지만 멀어져 간다

자연의 계절이기도 하지만 사색(思索)의 계절인 또 한 계절
스쳐가는 바람 뒤로 그리움을 남긴 채 슬픈 이별을 맞는다.

아침 안개 하얀 꽃 피우고

(1-17)

아침 안개 살포시 내릴 때면
허허벌판 메마른 잎사귀에 하얀 꽃 피고 지고

계절 따라 피는 꽃들
여기도 저기도 겨울철 하얀 안개꽃 피었다

해 뜨면 하얀 물방울 되어
하루도 아닌 잠시 머물다 가는 하얀 안개꽃

똑 - 똑 - 똑
안개꽃은 어느새 수정 같은 물방울 되어

대지 속으로
아쉬움만을 남긴 채 점점 사라져 간다.

봄 아가씨

(1-18)

겨울 님 떠나시네
"하얀 꽃" 그리움 속으로 차가움만을 남겨 놓고

"살랑살랑"
따스한 봄바람에 밀려나 쓸쓸히 혼자서 가신다

먼 산 위 아지랑이 너울너울 춤을 출 때면
노란 "꼬까신" 신으시고
내 님 오시려나?
그리운 님 오시려나?

하얀 나비 날갯짓 꽃님 찾아 이리저리 날 때면
저 멀리 "봄 아가씨" 연지 곤지 찍으시고
색동 옷 갈아입으시고
그리운 낭군님 찾아서
꽃가마 타고 오신답니다.

춘삼월

(1-19)

하얀 꽃물결 노란 꽃물결
춤추던 "춘삼월" 어느새 저만치 가네요

하나, 둘씩 떨어지는 꽃잎 하나
살포시 손에 쥐고 나면

화사했던 옷차림 속
마음 하나 품고서
아쉬운 작별을 고한답니다

네가 떠난 빈자리 누가 채워 줄거나?

꽃잎 떨어진 그 자리에
푸른 잎 하나, 둘씩 자리 메꿈 해 줄 때면

화사했던 "춘삼월"
그리운 다음속으로 보내야 한답니다.

토끼풀 꽃반지 약속

(1-20)

길가 옆 올망졸망 하얀 꽃 피웠네
한 잎, 두 잎, 세 잎 그리고 네 잎도 가졌지
네 잎을 가지면 행운의 네 잎 클로버라고
마음속에 행복을 준다지?

"넌" 어릴 적 불렀던 토끼풀이란 이름 하나 가졌다
하얀 꽃줄기 둘 엮어서
하나는 손 가락지 해 주고 또 다른 하나 팔찌 해 주며
"너"와 "나" "우리 서로 결혼하자" 약속했거늘
지금은 어느 하늘 아래 살고 있는지?
세월의 흐름 속으로 잊혀진 "토끼풀 꽃반지 약속"
길옆 옹기종기 피어 있는 토끼풀 하얀 꽃들 아련히 떠오른다

"신랑" "각시" 소꿉장난했던 "옛 추억들"
보고파진다, 어떻게 변했을지?

지금은 모든 걸 잊고 가슴속에만 담고 살아야 할
"토끼풀 꽃반지 약속" 되어 버렸다.

봄 찾아오는 첫 손님

(1-21)

하얀 "작은 꽃잎"들 하나, 둘씩 바람에 날린다

너풀너풀 춤도 추며
바람 따라 날린다

언제 피었는지? 아무도 모르게
"살 - 짝" 피었다
가는 길 모른다며 바람 따라 날린다
떠나는 길 "외롭다" 하네
벗 삼아 갈거나?

바람 따라
가는 길도 외롭지 않겠니?

하나, 둘씩 떨어지는 하얀 작은 꽃잎들

그대는 봄 찾아
왔다 가는 첫 손님이라네.

얼음판 웃음꽃

(1-22)

갈대숲 사이 좁다란 도랑물
하얀 눈 녹아 꽁꽁 언 얼음판 위엔 유리알처럼 반들반들

호기심 마음 가까이 다가가 한 발짝 살짝 디뎌보고
깨질까?
미끄럼 한번 타 볼거나?

이쪽에서 슝 - 하고 저쪽에서 슝 - 하고

행여 넘어질까?
두 다리 힘주고 두 팔 벌리고
슝 — 슝 타는 그 재미는
나도 모르게 "하하 - 호호" "하하 - 호호"

도랑물 위 얼음판에
웃음꽃 활짝 피웠네.

너풀너풀 하얀 꽃잎 한들한들 노란 꽃잎

(1-23)

너풀너풀 하얀 꽃잎 한들한들 노란 꽃잎
봄바람에 실려 사뿐사뿐 소리 없이 내려옵니다
서로 다른 "삶" 속에 가는 길 마다 않고
"너풀너풀" "한들한들" 춤추며 떠나려 합니다

길 가다 문득 떨어진 하얀 꽃잎
하나 주워 손등 위에 올려놓고 후 하고 불고
노란 꽃잎 하나 더 주워 손바닥에 올려놓고 후 하고 불며
화사했던 지난날 마음속에 곱게 그려 봅니다

이제 너를 붙잡는 이별은
그리움을 남긴 채로 계절이 바뀌는 것일까?

떠나려 하는 길 위에 떨어진 하얀 꽃잎, 노란 꽃잎들
화사했던 지난 봄 풍경화 그려 놓고선
아쉬운 작별을 고한답니다.

봄소식

(1-24)

노란 꽃잎 속 하얀 꽃 수술
"산수유"란 이름을 가진 봄의 노란 꽃 여신님

윙 - 윙 소리 내는 "꿀벌 한 마리"
아름다움으로 꽃단장하신
당신을 마중 나왔나 봅니다

꽃피는 춘삼월 오면
쫄랑쫄랑 하얀 옷 갈아입고
딸랑딸랑 노란 방울 달고서

하얀 털북숭이 "버들강아지"

우리 곁에
빠른 걸음으로 다가와
봄소식 전해 준대요.

5월

(1-25)

푸르름 속 5월은 모든 걸 바꾸어 놓는다
니 맘도 바꾸고 내 맘도 바꾼다

세상 속 이야기
꽃 내음 태워 미소 띤 마음속 한가득 담았건만
이제나저제나 가는 세월은 붙잡을 수 없나보다

세월아 네월아 가지나 말아라
5월의 푸르름 속에 이 마음 담고 살아 보자

어제도 한 번, 오늘도 한 번
자연 속에 사는 그 고마움을 잊고 살았단다

하지만 네가 좋다 그냥 네가 더 좋다
널 보는 매 순간마다 느낌이 다르다

뭐라 표현할 수 없는 "이 마음"은
네가 가진 모든 걸 받을 뿐이다.

영롱한 아침 이슬 한 방울

(1-26)

이른 아침
좁다란 오솔길 옆 길다란 초록빛 풀잎 하나
이리 흔들 저리 흔들 바람 따라 흔들흔들
행여 미끄럼 탈까?
조바심 속 걸터앉은 "아침 이슬 한 방울"

나의 검지 손가락에 올려놓고선
요리 보고 조리 보며
내 얼굴 비치는 조그마한 오목 거울 되어 주었다

여기도 한 방울 저기도 한 방울
크기도 제각각 모양도 제각각

영롱한 아침 이슬 한 방울
땅에 "똑" 하고 떨어지면
땅 주인님 "아" 입 벌리고
"고맙구나" 홀딱 받아 삼킨다.

초여름 문턱으로

화려하게 꽃피웠던 "봄"이란 계절은
헤어지기 아쉬움 속 작별을 고하고

초여름 문턱은 어느새 한 걸음, 두 걸음
총총걸음으로 천천히 우리 곁에 다가온다

들녘이란 도화지 속 초록색 물감으로
파란색 물감으로 그림 그려 놓고선

어디선가 다가오는 솔솔 부는 바람 따라
잔잔하게 이는 파란 물결들

초여름 문턱이란 들녘에 들어서면

구슬땀 흘리며 일하는 농부님들 마음속
시원함으로 보답한다지요?

여름 불청객 모기 손님

(1-28)

여기도 가렵다 저기도 가렵다
빡빡 긁고 싶지만 참고 또 참는다, "상처 날까 봐"

올해도 여름 불청객 "모기 손님" 반갑지도 않은데
어김없이 찾아와 우리 몸 여기저기 가리지 않고 무는
얄미운 모기 손님

날씨도 무더운데 모기마저 극성이니
올여름 한철 어떻게 보낼지?

그래도 어쩌겠는가?
모기도 한철이라는데 ----

여름철 불청객 모기 손님
얄밉긴 하지만 여름 한철 오는 손님인 걸

손님 대접 잘해서
여름 장사 얼른 끝내야지.

갈대

(1-29)

내 키보다 크다 내 키보다 작다 크고 작은 갈대들 사이로 내가 서 있다
지나가던 바람이 다가와 키 재기 해 준다
흔들린다 너도 나도 세월 속으로 변하는 계절 속으로 몸을 실었다
너는 너대로, 나는 나대로 계절을 이고 간다
옷을 갈아입는다 초록빛 몸치장했던 너의 가냘픈 몸둥이들
점점 여물어가는 누런빛으로 조금씩, 조금씩 물들어 간다
노래 부른다 사색(思索)의 계절 속
영혼(靈魂)들이 익어가는 노랫소리에 맞춰
아름다운 향연(饗宴)을 펼친다
울긋불긋 물들어가는 가을들녘
그 속에 네가 서있다, 사랑의 찬가를 들려주면서--
어쩌면 올 한해 마지막 남은 너와의 인연(因緣) 아쉽고 마음이 아파
나의 가슴 한 구석에 덩그러니 남아있다
너와의 이별 그 자체는 새로운 시작을 의미하는 것이므로
안타깝거나 슬픈 이별이 아님을 알고 있다
다만 너의 "삶" 마지막 한 조각
나에게 조금이나마
위로해 줄 수 있는 마음으로 한 계절 떠나보낸다.

마파람 불며 비가 오려 한답니다

(1-30)

남쪽에서 부는 바람
마파람이라 하지요
후덥지근한 맛 짭조름한 맛
입맛 당겨 보지만 내 입맛 아닌가 봅니다

하늘엔 검은 먹구름 남풍 따라 흐르고
살짝 쿵 얼굴 내미는 뜨거운 햇빛에
마파람은 먹구름 보고 햇빛 가려 달라
빠른 걸음 달려오지요

우리네 조상님들
마파람 불면 비가 온다고
선견지명 하였던 지혜는
오늘도 마파람 불어오니
비가 오려 한답니다.

이슬비 내리고 가랑비 내리면

(1-31)

오시라고 "이슬비"
가시라고 "가랑비"
어제는 이슬비 내리고 오늘은 가랑비 내린다

오는 님 반가워 이슬비 내리고
가는 님 아쉬워 가랑비 내리니

모시 적삼 젖는 줄도 모르고
"오시는 님" "가시는 님"
님 마중 가는 사람아

그리워하는 그 마음
마음속에 담고 살지 마소

"이슬비" 내리고
"가랑비" 내리거든
"님" 따라서 함께 가시구려

비님을 기다리는 이 마음

(1-32)

오신다는 비님은 다 도망가셨네
하늘에 뜨거운 햇빛 쨍쨍 이글거리고
들녘에 밭작물들 너도나도 목마르다 아우성치니
비님 기다리는 이 마음을 어찌할거나?
집에 돌아갈 날 내일, 모레인데
손 놓고 하늘만 쳐다볼 수 있으랴?
고맙게도 나에게 희망 하나 있거늘
메마른 땅 목이 타는 밭작물들 지하수 하얀 물줄기에
"옳다구나" 때는 이때다 벌컥벌컥 물 마시는 소리에
"체하겠다" "천천히 마시거라"
물 마시다 체하면 약도 없다던데 ──
사람 마음 그 마음 참으로 간사하다 하거늘
"달면 삼키고" "쓰면 뱉는다"라는 말이
하나도 틀린 말 아니구려
아마도 우린 그걸 모르고 살아가고 있는 게 아닌가 싶소?
오늘도 하루 자연 속에서 살아가고 있는 "삶" 하나
비님 기다리는 이 마음은
간절히 바라는 한 마음뿐이구려.

가을 들녘

눈부신 아침 햇살
초롱초롱 빛나는 아침 이슬 머금고 고개 숙인 벼 이삭들
살랑살랑 부는 실바람 타고 덩실덩실 황금물결 춤을 춘다
방울방울 맺혔던 농부들의 땀방울 정성은
싱그러운 당신의 맑은 숨결이 되어
벼 이삭에 매달린 알맹이 하나하나에 담고 또 담아
노랗게 물든 드넓은 가을 들녘을 풍성한 계절로 만들어 간다
그리고 가까이 다가온다
눈을 감으면 들녘의 아름다운 미소와 계절의 발자국 소리가
한 해도 따라서 영글어 간다
농부들 이마에 흘렸던 "땀방울 보람"들처럼
곡식들이 익어 가는 아름다운 노랫소리도
가을이 물드는 소리와 함께 어우러져
풍년의 결실을 맺는 농부님들 마음속 곳간을 가득 채운다
"생명의 영혼"들이 익어 간다
계절이 바뀌어 가는 길목에서
가진 것 모두 내려놓은 채 "대풍년"의 찬가를 부르며
떠나는 세월 속으로 가을이 끝나가는 그날까지
"가을 들녘"은 살아 숨 쉰다.

조개들의 물총 싸움

(1-34)

여기서도 뽀-옥 저기서도 뽀-옥
조개들 입 벌리고 뽀-옥 뽀-옥 뽀-옥
물총으로 물싸움한다
크기도 제각각, 색깔도 제각각
여기서 뻐-끔 저기서 뻐-끔 입 벌리고 뻐-끔 뻐-끔 뻐-끔

오늘 아침 바닷가 갯벌 속
갈고리 호미로 파서 한 바가지 잡아 온 바지락조개들

플라스틱 대야 속 바닷물 함께 뽁-뽁-뽁 물총도 쏘며
뻐끔-뻐끔-뻐끔 입벌리고 해금 물 뱉는다

여기가 어디지? 지금 내가 어느 곳에 와 있지?
아는지? 모르는지?
서로에게 물총 쏘며 노는 바지락조개들
어느새 내 마음도 어릴 적 대나무 물총 만들어
물싸움하던 시절 생각나
물총 쏘는 조개들 동심의 세계로 함께 들어가 봅니다.

주렁주렁 붉은색 고구마

(1-35)

기다랗게 두둑하나 만들고 검정 비닐 씌우면
6월에 심었던 고구마 순 하나에
여러 가닥 덩이뿌리가 자란 붉은색 고구마들

둥그스름한 모양도 하나 기다란 모양도 하나에
생김새도 제각각
땅속 여기저기 한 자리에 박혀 있다

상처 날까 조심조심
이쪽에서 호미질 저쪽에서 호미질 여러 번에
줄기 하나 쏙 뽑으면 붉은색 고구마들 주렁주렁 달려 있다

기다란 모양도 하나 둥그스름한 모양도 하나
예쁘게 생긴 붉은색 고구마들 한자리에 모아 놓으면
내 마음 뿌듯해서 감사하는 마음으로
올 한 해 땀 흘린 보람 보기만 해도 배가 부르다.

늙은 호박 한 덩이

둥근 보름달 얼굴에 골진 주름살 한가득

"대롱대롱" 나뭇가지 매달린 늙은 호박 한 덩이

노란 황금물결 이는 가을 속 풍경화에
나도 주인공이라며 자리 하나 차지한다

나도 꽃이라던 노란 빛깔 호박꽃 뒤 몸을 숨긴 채
연한 초록색 바탕 주먹만 했던 애호박 한 덩이
세월 속에 나이 먹고 주름살 생기고
어느새 늙은 호박으로 탈바꿈하였다

이제나저제나 우리 주인님 언제 오시려나?
찬 서리 내리기 전 나 좀 데려가소?

대롱대롱 늙은 호박 한 덩이
한세상 살고서 떠나려 합니다.

가을빛 향기 속으로

(1-37)

"귀-뜰" "귀-뜰" 귀뚜라미 이른 아침 풀숲에서 울고
긴 수염 여치도 찌르르 - 찌르르 자기들 세상이라고
서로서로 뽐내며 가을 향연 열고 있어요

북쪽에서 불어오는 서늘한 바람은
어느새 우리 곁에 다가와 긴팔 옷차림 바꿔 놓으며

"물러가라" "물러가라"
여름 한철 보고 큰소리칩니다

들녘 밖 오곡백과
노란색 물감으로 황금빛 물결 그려 놓고

푸르던 나뭇잎 하나, 둘 붉은색 물감으로 색칠할 때면
우리 모두
가을빛 향기 속으로 달려가지요.

마음속의 10월의 풍경화

(1-38)

파란색 도화지에
노란색 은행잎 하나 붉은색 단풍잎 하나 그려 넣고선
이따금씩 불어오는 실바람 태워서
마음속에 담았던 10월을 보내려 합니다

어제는 9월의 푸르름으로 가득한 신록의 노래 불렀었는데
오늘은 노란 빛깔, 붉은 빛깔로 물들인
10월의 풍경화 속 아쉬운 마음의 노래 부른답니다

한 구절 한 구절 마음속 노래 부를 때면
노란색 은행잎 하나 붉은색 단풍잎 하나
빙글빙글 춤을 추면서 사뿐사뿐 내게로 다가오지요

어디선가 들려오는 바스락-바스락 소리는
바람타고 길 위를 구르는 소리
떨어진 낙엽들 이제는 가야 한대요
마음속 10월의 풍경화 그려 넣고선.

넓적부리 저어새

(1-39)

하얀색 깃털에 검정 가면을 쓰고
주걱처럼 생긴 부리로 좌우 저으면서
먹이사슬 하는 저어새
갯벌 얕은 물 속 나룻배 사공처럼 노 젓는 모습으로

경계심 속 바짝 겁먹은 저어새
하나, 둘씩 짝을 지어 보초를 선다

기다란 검정색 다리 한발 한발 걸음마 걷고
검정색 얼굴에 숟가락 부리로
이리저리 저어가며 먹이 찾는 저어새
세계적 멸종 위기 속 "넓적부리 저어새"란 이름도 가졌다

검은 가면 둘러쓰고 얕은 갯벌 속 두리번두리번
오늘은 이곳에서, 내일은 저곳으로 피곤한 날개 짓 하며
갯벌 속 먹이 찾아 나는 저어새
오늘 하루만큼 너의 현실 속에서 평온한 잠자리와 함께
"소중한 삶" 잘 살아가길 바랄뿐이다.

늦은 가을 보내기까지

(1-40)

앙상한 나뭇가지 나뭇잎 하나 붙들고
찬바람 불면 떨어질까?
서로서로 두 손 꼭 잡았네

붙든 손 놓칠까봐
이리 흔들 저리 흔들

"가지 마라" 가지 말라고
마지막 남은 나뭇잎 하나 이대로 보내기 싫다 하네요

가려 하네요, 떠나려 하네요
푸르름 안고 살았던 지난 계절 두고서
화사했던 지난 계절도 잊어야 한다며 ----

보내는 마음도 하나 아쉬운 마음도 하나
늦은 가을 보내기까지
서로서로 "꼭 잡은 손"
찾아온 찬바람에 놓치고 말았어요.

가을을 밟고서

(1-41)

사색(思索)의 계절 속으로
또 한 계절 슬픈 이별을 고 합니다

바스락 소리와 함께
가을이란 계절을 밟고 떠나려 하네요

붉은 단풍잎 하나 너풀너풀 춤추며 땅에 떨어지고
노란 은행잎 하나도 땅에 댕구루 구르며 내려앉는데
어디선가 불어오는 찬바람은
붉은 단풍잎 하나 노란 은행잎 하나 "후" 불며 날려 버리고
하얀 겨울 손님 맞을까?
새 단장하지요

가려 합니다 떠나려 합니다

가는 계절 아쉬운 마음 하나 붙들고
"바스락" "바스락" 소리를 내며
"가을을 밟고" 떠나가지요.

파랑

(1-42)

파랑이 파도다
만들어진다, 인다
너울도 물결도 너와 같다
수면에 부는 바람은 너를 만들고 일렁이는 파도 속에 나를 담았다
희고 긴 백사장 빈 소라 껍데기는
네가 부르는 노랫소리와 함께 너의 손 마주 잡고 덩실덩실 춤을 춘다
너의 건너편 불어오는 바람은
돌아서는 네 모습이 사라진 뒤 또 다시 널 탄생시킨다
다시 태어난 너와 만남은 부딪쳐 깨어지는 물거품 되었지만
나를 붙잡는 부드러운 너의 손길 참 좋다
째 각 째 각 가는 시간이 멈춘다
주위는 짙은 어둠 속으로 빨려 들어간다
적막을 깬 너만의 숨소리는 모든 걸 흔적 없이 삼켜 버린다
가슴이 아프다 마음은 슬프다
네가 마지막 남긴 한 방울 아직 나에게 남아 살아 숨 쉰다
나는 네가 정말 좋다
나만의 짝사랑 너를 가졌다
그리고 영원토록 널 잊지 못한다.

끝자락에 선 한 계절

(1-43)

세월의 흐름 속으로 한 계절은 끝자락에 다가선다

올 때는 오는지 모르고 갈 때는 가는지도 모르게
돌고 도는 사색(思索)의 계절 속으로 오며 가면서
왠지 모르게 아쉬움 속으로 떠나는 한 계절

한 해와 함께
동행이 되어 조금이나마 내게 위안을 주는
바람으로 떠나보낸다
이별은 한 계절의 끝자락으로 다가오며 속삭인다
단지 나와의 만남은 영원함이 아니라
영원할 것 같은 우리의 인연 끝이 보인다고 ---

떠나보낸다
넌 이미 날 떠나 나의 시선 끝자락에 매달려 있다
잡으려 손을 펼쳐 보지만
나의 마음속에 너의 그림자뿐 그곳에 더는 네가 없다
결국 너와 나의 만남은 서로 다른 끝이었나보다

잊으려 한다
네가 떠난 빈자리엔
아직 너의 영혼(靈魂)이 자리를 함께 하지만
끝자락에 선 너란 한 계절 네가 누구인지 잊으려 한다

눈을 감는다
살포시 들려오는 너의 고운 숨결
애써 다짐한 혼자만의 이별을 아무런 의미가 없게끔
네가 날 떠나는 그날의 슬픈 이별은
마치 물거품처럼 다가왔다 사라지는 느낌이다

안타깝다
나에겐 아직 너의 삶의 향기가 남아 있는데
너를 보내는 이 마음 끝자락에는
더는 네가 없어 이렇게 떠나보내며 작별을 고한다.

왕 대추가 주렁주렁

(1-44)

대추나무 가지마다 왕 대추가 주렁주렁

계절 따라 변해가며
"모양"도 제각각 "색깔"도 제각각
가을 향기 품고서 우리 곁에 다가왔어요

엊그제 푸르던 색 밤색 옷 갈아입고
모양도 매끈매끈 익어 가는 왕 대추를

하나 따 입속으로 와그작 하고 깨무니
속살은 부드럽고 단맛도 나
올가을 "맛의 향기" 입안에서 찾았습니다

우리 집 대추나무 왕 대추 주렁주렁

가을빛 짙어 가는 "마음속 향기"에서
풍요롭고 행복한 결실을
이렇게 맺는가 봅니다.

사각모 쉼터에서 김밥 한 조각

(1-45)

따스한 햇볕 아래 사각모 쉼터에서
잠시 쉬며 도시락 꺼내 김밥 한 조각 입에 넣는다

입안에 터지는 양념의 짭조름한 맛
사각사각 들려오는 소리
김밥 한 조각에 마음의 행복을 찾아 맛본다

발밑에 개미 한 마리 어디를 가는지?
가다 서고 가다 서고
행여 김밥 냄새 맡고서 가던 길 멈춰 서는지?

밥 한 톨 집어 개미 앞에 살짝 놔 줬더니
무심하게도 그냥 지나쳐 버린다

사각모 쉼터 김밥 한 조각, 개미 한 마리까지
하늘에 높은 뜬구름 타고 마음에 행복 찾아서
두리둥실 띄워 보낸다.

은행나무

(1-46)

푸르름 가슴에 꼭 안았던 여름 한 계절 바뀌어간다
사색(思索)의 계절 속으로 노란 물 한 모금씩 듬뿍 머금은
노란 은행나무를 보면서 느낀다 "너무 예쁘다"고 나도 모르게 말 한다
생각 속으로 그 마음 담았다
높고 푸른 가을하늘 사이로 한 폭의 수를 놓았다
혼자만이 느낌을 받으며 내는 소리일까?
너를 바라보는 모든 이들의 환호성일까?
한때는 너를 품었던 노란 물 머금은 은행잎 하나, 둘씩 슬픈 이별을 고한다
길 위로 날갯짓하며 떨어지고 바람을 타고서 나뒹군다
밟는 바스락 소리와 함께 찢겨지고, 부서지고
너의 몸 일부분 아쉬움 속으로 흔적 없이 사라진다
가슴이 아프다, 마음은 슬프다 쓸쓸함도 느낀다
올 한해 저물어 가는 너의 뒷모습 보면서 느끼며 실감이 난다
푸르름으로 몸치장했던 너의 몸 그 언제였던가?
흐르는 시간 속에서
변하는 계절 속에서 너는 서있고 고귀한 생명을 가진다
그리고 잉태(孕胎)한다
자연의 심리(心理) 속에서 한 해 동안 고난과 역경을 이겨내고
너의 영혼(靈魂)은 뿌리를 내린다.

너와 나 때 이른 만남

(1-47)

바람에 실려 왔습니다
때 이른 노란 몸치장하고서 계절도 모르고 있어요
지금 어느 때인지?
무수히 많은 푸른 잎 사이로 혼자만이 노란 물감 들었답니다

나만을 떨쳐 보내는 이별 속으로 바람이 자꾸 가자 하네요
신록의 계절 속 그리움을 남긴 채

혼자만의 이별은 나를 슬프게 만든답니다

싱그러운 아침 햇살 속에나 혼자 두고서
바람은 그렇게 가 버렸어요
내가 가는 곳 어딘지 묻지도 않았는데

결국 "너"와 "나" 때 이른 만남은
서로 다른 끝을 향해
한 계절이 바뀌었나 봅니다.

청개구리 울음소리

(1-48)

파란색 몸치장하고 조그마한 나뭇가지 움켜잡았다

보일까? 말까? 조그마한 청개구리

푸르른 나뭇잎 사이로 "개굴" "개굴" "개굴" "개굴"
청개구리 울음소리에 비가 오려나 보다

이쪽 숲에서 개굴-개굴
저쪽 숲에서도 개굴-개굴-개굴

조바심 속 울고 있는 청개구리들
냇가에 묻은 엄마 무덤 떠내려갈까 봐 걱정 반, 눈물 반

조그마한 두 눈 "껌벅" "껌벅"
한줄기 눈물은 조르르 한 방울 빗물은 주르르
"개굴" "개굴" "개굴" "개굴"
정겨운 청개구리 울음소리
우리 곁에 다가와 이솝 이야기 들려줍니다.

마음속에 겨울 동화 나라

(1-49)

반 짝 - 반 짝 따스한 겨울햇빛 아래로

뽀드득 - 뽀드득 장단 맞춰 나는 발자국 소리

한 발 짝 - 한 발 짝 빙빙 돌며

하얀 눈 위에 발자국 꽃송이 만든다

반 짝 - 반 짝 보석 같은 하얀 눈

뽀드득 - 뽀드득 눈 밟는 발자국 소리

하얀 겨울 왕국 자작곡 지어 볼거나?
하얀 겨울 왕국 풍경화 그려 볼거나?

어느덧 마음속엔
하얀 겨울 동화 나라 되어 버렸다.

추운 겨울도 한철이라며

(1-50)

따뜻한 옷 입으셨나요?
요즘 날씨 왜 이리 추운지 ──

뜨-끈 뜨-끈 한 아랫목 생각이 나면서
겨울철 불청객 감기 걸릴까? 걱정됩니다
그래도 더웠던 여름이 좋았던가 봅니다

여름 되면 추운 겨울 생각이 나고
겨울 되면 더웠던 여름이 생각나면서
철 따라 변하는 사람 마음 간사하다 할까요?

어느새 하늘에 시꺼먼 먹구름과 함께
새하얀 눈 꽃송이 한들한들 춤추며 내려옵니다

우리들 마음속에 "따뜻한 하얀 마음" 심어 주려고
그러면서 추운 겨울 날씨 너무 탓하지 말라 하네요
추운 겨울도 한철이라며 ──

나는 가고 너는 오고

(1-51)

한 줄기 이별 속

나는 가고 너는 오고
서로가 가고 오는 길 "따로" "따로"다

가을은 가고 겨울은 오고
한 계절이 가고 나니 또 한 계절 다시 온다
사시사철 사계절
가고 오고 가고 오고

서로가 비켜 가는 길
흘러가는 세월 속으로 나도 간다 따라서 간다

지난 계절을 잊을쏘냐? 지난 세월 잊을쏘냐?
가 버린 세월 속으로 따라간 또 한 계절

다가오는 이별 속 "나는 가고" "너는 오고"
두 계절 비켜 가는 길 가을은 가고 겨울은 오나 보다.

하얀 물줄기에 이내 마음 실어서

(1-52)

하얀 물거품 속 여러 가닥 물줄기
돌부리어 부딪히며 가는 곳을 모른다

흘러 흘러서 어디로 가는지?
때론 물방울 솟구치며 하얀 물거품도 만들고
높은 곳에서 낮은 곳으로 떨어지는 물줄기 속

뿌연 연무 뭉게뭉게 피어오를 때면
일곱 가지 무지개 수를 놓는다

나는 보았다
꿈속에서도 상상 속에서도 그림 속에서도

이내 마음 하얀 물줄기에 실어 하얀 물거품 되고
때론 팅기는 물방울 되어

삶의 고뇌 씻어 버리고 가는 곳도 모르면서
흘러 흘러서 저 넓은 세상 구경 한번 가 봤으면 ——

겨울 동장군 나는 싫은데

(1-53)

시린 가슴속 파고드는 겨울 동장군

나는 싫은데 저는 좋다고
어느새 빨리도 와 버렸다

길 위에 떨어진 낙엽 밟는 소리
"바스락" "바스락"

가는 계절 잡을 수 없고
오는 계절 막을 수 없듯이

우리네 인생길 저물어 가는 길
잡을 수 없고 막을 수 없다

찬바람 병정들 앞세워 찾아온 겨울 동장군

나는 싫은데 저는 좋다고
빨리도 와 버렸다.

좁다란 도랑물 위 살얼음

(1-54)

좁다란 도랑물 위 하얀 꽃 살짝 피운 살얼음
어젯밤 겨울 동장군 영하권 추위 속에 찾아왔어요

살짝 언 도랑물 위 다가가 얼마만큼 얼었나?
한 발짝 한 발짝 살짝 살얼음 밟아 보면
우지직 소리 내며 깨지는 살얼음

하얀 수정처럼 깨진 살얼음 조각들
요리조리 미끄럼 타며 물결 일고 퍼진다

어느새 따스한 햇볕
도랑물 위에 내려앉으면
하얀 수정 같은 살얼음 조각들
온데간데없이 녹아서 사라져 버리죠

하얀 꽃 핀 살얼음
반짝반짝 햇빛 그림자
좁다란 도랑물 속에서 하루 삶 살고 가지요.

그리움만 한가득 남겨 놓고서

(1-55)

널따란 갯벌 위 한 구석에 하얀 염분 가루
따스한 햇볕 받으면 반짝반짝 눈이 부시고
갯벌 주위 붉은색 칠면초들
어느새 옷 갈아입었다

하얀 솜털에 머리 푼 누런 갈대들
이리 흔들 저리 흔들 하얀 솜털 날리며
가을은 가고 겨울이 온다며 아쉬운 마음의 노래 부른다

세월 따라 계절 따라
변해가는 널따란 갯벌 위 풍경들

한 해가 저물어 가는 아쉬운 마음속 자리를 잡고
보내려 하네, 떠나려 하네

그리움만
한가득 남겨 놓고서 ----

겨울비

(1-56)

똑 - 똑 - 똑
빗방울 소리
봄이 아닌 겨울비 소리

때 아닌 겨울비는 철도 모른다

똑 - 똑 - 똑
빗방울 소리
눈치 없는 겨울비 소리

겨울엔 하얀 눈 내려야지
철도 모르고
때 아닌 겨울비 내린다

변해만 가는 요즘 날씨

사색(思索)의 계절은
 소리 없이 잊혀져 가는가 보다.

마음속에 잊힌 옛날이야기

(1-57)

길가 옆 옹기종기 보라 빛깔 띄우고
꽃잎 5개 하얀 꽃 수술
봄 되면 어김없이 찾아오는
제비꽃이랍니다

봄 되고 요맘때면
전깃줄에 앉아서
지지 베베 - 지지 베베

바다 멀리 따뜻한 곳
강남땅 잘 갔다 왔다며 인사하던 "제비들"

지금은 그 모습 찾아볼 수 없고
잊힌 옛이야기 되어 간다

길가 옆 여기저기 피어있는 보랏빛 제비꽃들
아쉬운 마음으로 바라보고 있노라면
가슴 속 잊힌 옛날이야기 되어 버렸습니다.

아름다운 선물

(1-58)

6월의 푸르름 속 그늘막 짙게 드리우고
시원한 솔바람 솔솔 불어올 때면
걷는 이 이마에 맺혔던 땀방울 하나, 둘씩
슬금슬금 자리를 뜬다

좁다란 숲속 길 그늘막 사이로
하늘 높게 뜬 뜬구름 서로서로 손에 손잡고

에헤야 두리둥실 어깨춤 들썩이며
파란 하늘 날아오르면
어디선가 마중 나온 배추흰나비 한 마리
나풀나풀 날갯짓하며
그늘막 드리운 좁다란 숲속 길 안내를 한다
가벼운 발걸음도 하나, 둘 띠며 걸을 때면

자연이 주는 아름다운 선물 한 아름
너도 가졌다 나도 가졌다
우리 모두 다 가졌다.

단비

(1-59)

비가 내린다
그것도 너무나도 열망했던 단비가

얼마나 많은 기다림 속에서 널 맞는가?
잊었던 것도 아니건만 ――

수없이 목말라했던 대지도
기다림 속에 지쳤던 수목들도
너를 맞으며 환희의 함성을 지른다

애타게 기다리던 마음속 깊이
넌 아주 반가운 손님 되어 모두에게 기쁨을 선사한다

고마움 속에 다가온 너를 잊을까?

잠시 동안 잊었다 해도 잠시일 뿐인데
너와의 만남은 잊을 수 없다
우리들 만남은 생명이 다할 때까지 영원하니까.

천고마비(天高馬肥)

(1-60)

하늘은 높고 푸르다 천고(天高)라 한다
말은 살찐다 마비(馬肥)라 한다
귀에 익숙한 사자성어 천고마비(天高馬肥)다
자연이 즈는 넉넉함 속에 풍요로움이 가득한 가을
사색(思索)의 계절 중 한 계절 변화를 가져온다

신선한 가을바람은 계절이 바뀌는 길목에 들어선다
빨리 가기 싫다고 여름은 뒷걸음질 친다
그래도 가을은 오는데
계절이 지나가는 세월을 기쁨의 세월로 맞바꾸는 것이다

높고 푸른 하늘 아래 황금빛 물결 이는 끝없는 들녘
너와 내가 만나는 선 하나 지평선이란 이름도 지었다
자연의 선물인 저 멀리 들녘의 미소가 가까이 더 가까이 다가온다
파란 가을 하늘 부드러운 고운 미소도 더 가까이 다가온다
너의 영혼(靈魂)이 익어 가는 소리 들린다
모든 생명도 잉태하며 왕성해진다
세월의 시기와 질투가 없는 자연의 선물에 감사할 따름이다.

찬바람이 나다

(1-61)

찬바람이 쌩쌩 분다 꽁꽁 얼었다
냉랭하고 싸늘한 기운이 나를 감싼다
나를 마신다
슬프지 않은데 눈물이 자꾸 난다
바람 끝은 왜 이리 차가운지
여미고 또 여미어도 마음속 깊이 파고든다
내게 보이는 게 전부일까?
조각난 영혼은 어긋난 듯이 흩어져 버린 망각 속에서 나를 찾는다
심신을 떨게 만든다
차갑고도 거친 바람은 나를 울린다
울음소리마저 가진 것 모두를 빼앗아 간다
나를 토닥거린다
가만히 숨 쉬고 있을 때면 때로는 수많은 걱정도 생긴다
한숨도 쉬게 된다
인생길 걸어가며 아무 말 없이 그냥 그대로 앉아도 있다
찬바람이 눈물을 감춘다 내가 떠난 줄 안다
네가 날 버린 그날에 혼자만의 이별을 생각하며 모든 걸 지워 버렸다
"찬바람이 나다"

제2절

"삶"이란 인생길 걸어간다
멈추고 싶을 때까지

1. 만사형통(萬事亨通)
2. 노숙인의 하룻밤
3. 내 나이 묻지 마소
4. 인생길
5. 뻥이요
6. 돈이란?
7. 그래야 된다고
8. 선(線)
9. 너란 삶
10. 서운한 감정
11. 배부름의 행복
12. 짧다 인생길
13. 불쌍한 "삶"
14. 인생 부동산
15. 한 농부의 회고록
16. 숨어 사는 자존심
17. "안 돼"만 하지 말고
18. 오늘 하루만
19. 희망 고문
20. 밥 한 끼 인생
21. 한숨 속에 살아가는 나의 인생
22. 내 그림자 밟고 가네요
23. 아파 오는 내 가슴 눈물 한 방울에 띄워 보내리
24. 좋아하고 사랑하는 마음 하나 가지고
25. 세월타령
26. 정한수 한 사발에 간절한 마음 담아서
27. 하루란 삶을 살면서
28. 아버지란 이름으로
29. 주어진 "삶" 하나
30. 당신을 병원에 두고
31. 노년으로 가는 길
32. 주름살투성이인 내 얼굴
33. 배곯았던 그때 그 시절
34. 저 대문 밖 마지막 길
35. 잃어버린 내 젊음
36. 눈물
37. 돌부리
38. 실바람 인생길
39. 또 다른 이유 하나
40. 짜증 반 한숨 반
41. 욕심

만사형통(萬事亨通)

(2-1)

새해 덕담으로 사랑을 받는다

듣기에도 좋은 말
"새해 만사형통 하십시오"

덕담으로 시작한 말

말 뜻대로 이루어진다면
그보다 더 좋은
인생 역전이 또 어디 있으랴?

살고 있어
살아가기에
더없이 축복받은 우리의 삶
지금 이 순간만큼은 말 한마디에 행복해진다

이럴 땐 바로
사자성어 "만사형통(萬事亨通)"이다

노숙인의 하룻밤

(2-2)

어찌 보면 불행한 삶 같지만 참 편해 보인다
지나온 나의 과거 갈 곳을 잃었다
지금의 현실 속에서 위로를 받는다
하늘이 내게 주신 지금의 삶이 고마울 따름이다
밤에는 담요 한 장 둘러메고 하룻밤 신세를 진다
잠자리가 불편하지만 마음은 편하다
남들이 뭐라고 하든 말든 지금의 내 모습,
꾀죄죄한 모습으로 탈바꿈하였지만 하루의 삶은 행복하다
가질 것도 줄 것도 없는 하루살이 나 자신
왜? 진작 고달픈 삶을 버리지 못했을까? 때늦은 후회도 해 본다
오늘 저녁 잠자리 한 자리 놓고 서로가 쟁탈전 벌인다
오고가는 사람들 눈살 찌푸리며 가엾은 얼굴로 바라본다
바라보나 말거나 나만 따스면 그만이다
어느 누구 눈치도 볼 필요 없다
그저 하룻밤 내 몸 맡길 자리가 최고다
눈을 붙인다, 스르르 눈까풀 잠긴다
오늘 하루 무엇을 했는지도, 어떻게 살아 왔는지도 모두 잊는다
매일매일 갈 곳도, 머무를 곳 없는 이 몸뚱이 하나
영혼(靈魂)은 탈피하고 육신만이 빈자리 잡는다

내 나이 묻지 마소

(2-3)

"내 나이 몇이냐"고 묻지를 마소
늙는 것도 서러운데 나이 탓 "왜" 한대요?
마음만은 한창이라 내 나이 잊은 지 오래됐소

늙었다 생각 마오
내 나이 몇이던가요?

마음만은 청춘이라
지나온 세월 속으로 먹은 나이 다 잊었지요

지금도 "내 나이"
마음만은 "이팔청춘(二八靑春)"

꽃다운 마음의 인생길
살아가려 한답니다.

인생길

(2-4)

구겨지고 찢겨지고 한 장 한 장 넘기다 보니
세월도 다 갔소 나이는 더 먹었소 간다, 간다고 말도 없었다
가는 널 붙잡고 싶었지만 너는 날 내팽개치고 도망쳐 버렸다
너는 날 버린다 해도 버리지 못한다 나는 널 따라나설 것이다
지금은 널 잃었다 하지만 잃은 게 아니다
돌려받을 수 없지만 내 가슴속에 살아 숨 쉰다
언제까지 이어질지 몰라도 영혼(靈魂)이 다할 때까지 너의 삶의 가치는
나의 운명(運命)이 될 것이다
인생은 참 짧다 가는 세월은 더 짧다
길다면 길고 짧다면 짧은 인생 고귀함의 영혼 속에서 꽃을 피운다
우리가 몰랐던 진실인 사랑으로 ----
그리고 잊지 않으리다 태어나서 죽을 때까지 오직 하나
거짓이 없는 순수한 삶을 살아가는 너란 자신을 생각하면서
조용히 눈을 감는다 가만히 숨도 쉰다 가 버린 세월 속에서 나를 떠올린다
묵묵히 살아온 지난날들 내가 누구인지 잊은 것 같다
한 발 한 발 아주 천천히 걷는다
걷고 있는 인생길 따라서 지친 날 토닥여 준다 위로도 해 준다
지금의 넌 가지고 있는 모든 걸 웃으면서 내려놓을 줄 아는
아주 멋있는 멋쟁이라고 ----

뻥이요

(2-5)

"뻥이요"하고 외친다 귀를 막는다

두툼한 까만 외투 빵모자 깊게 눌러쓴 뻥튀기 아저씨
얼굴엔 검은 분가루 먹칠하고
뻥튀기 기계 한 손 부여잡고 열심히 돌린다

지나온 세월의 흔적들 깊게 패인 주름살 인생으로 변해 버렸다

당신이 걸어온 "고달픈 영혼"은
타오르는 파란 불빛 속으로 점점 익어 가는 소리일 것이다

"뻥" 하는 소리와 함께 당신이 살아온 인생의 찬가가 들려온다

손끝에서 묻어 나오는
요란하면서도 가슴 뻥 뚫리게 하는 소리
당신의 진심을 담아 하늘 높이 솟구친다
하얗게 부풀어 오른 강냉이 튀밥들
빨간 바구니에 수북이 담았다

뭉게뭉게 피어오르는 하얀 수증기
고소한 냄새에 너도 한입 나도 한입
한 줌씩 쥐고서 입속에 넣는다

5일장 열리는 시골 장터
지금은 점점 멀어져 가는 옛 모습들
너를 붙잡는 이별은 보이는 게 전부가 아닌
가슴속 남아있는 한 가닥의 아쉬움의 "삶"일 것이다

이별 속에 살아 숨 쉬는 이별은 아프다
안타깝다, 슬프다
"삶"의 한 조각이 아직 너에게 남아 있어
네가 품고 있는 정감 어린 맑고 고운 향기 속에서
아직도 살아 숨 쉰다

"뻥이요" 외침 소리에 너의 영혼은 익어 간다

네가 느낄 수 있는 것
그것이 바로 너의 "삶"이 되리라
참되고 거짓이 아닌
진실인 마음에서 우러나는 그 한마디가.

돈이란?

(2-6)

너도 가지고 나도 가지며 욕심이 생긴다
한 장의 종이 조각일 뿐인데 운명(運命)을 좌우한다

살고 있는 세상이 온통 너를 가지려 몸부림친다
어떤 사람은 고달픈 삶 속에서 허우적거리고
또 한 사람은 가진 게 많아 부러움의 대상이 된다
그러게 사는 세상이 참 불공평하다

태어날 때 어머니 뱃속에서 똑같이 태어나지만 주어진 삶이 다르다
너는 가진 게 많아 남부럽지 않은 삶을 누리고
나는 가진 게 없어 아등바등 발버둥 쳐가며 안타까운 삶을 살아간다

돈이란 네가 있기에 행복하고 네가 없어 불행하다
한 장의 종이 조각이지만 너로 인한 인생의 판가름이 달라진다

하루를 살그 또 하루 살아가지만 달라지는 게 아무것도 없다
허황된 착각 속에서
망상 속에서 우린 그렇게 너를 가지려 몸부림친다.

그래야 된다고

(2-7)

볏짚머리 팔각정
너도 쉬고 나도 쉬고 잠시 동안 쉬었다 가는 곳

앞산머리 푸른 소나무 하얀 겨울은 온데간데없구나

먼 하늘 바라보고 있노라니
그리운 내 고향 산천 눈앞에 아른거리고
타향 땅 사는 이내 몸 슬픔만 한 아름 안고
눈물 속 속가슴만 먹먹해지누나

차가운 겨울바람은 귓가를 스쳐 지나가며
모든 걸 잊고 살라고 마음 편히 살라 하네
세상살이 고달프다 생각도 하지 말라 하네

지나온 세월은 모두 다 잊고
저 따라 한세상
살다 가자 하며 "그래야 된다고" 손을 내민다.

선(線)

(2-8)

곧게 뻗었다
선 하나 가지고

나는 시작점 너는 끝 점
시작과 끝의 만남이었던가?

같이 간다
한 바퀴 돌아 원점이다

가는 세월도 도는 세상도
선 하나에 만남이었다

그린다
점 하나 찍고 쭉 —

길다
짧다
점 하나가 끝이다

너란 삶

(2-9)

무겁다
버릴까 생각해 본다
하지만 버릴 수 없다
두 어깨에 짊어지고 간다

오늘 한 걸음 내일 또 한 걸음
험난한 가시밭길
알면서도 "널" 이고 간다

"너"란 "삶" 지치고 힘들 때
"인생"이란 또 하나
동행(同行)하는 "길"을 만나는 운명이 되었다

눈을 감고 가만히 생각한다
아득히 먼 곳에 드리우는 "너"란 그림자
허전한 이 맘 눈물 적신다

이제 들려주리라 한때 죽었던 이 가슴속
웃으면서 내려놓을 줄 아는 아름다운 영혼의 목소리를 ----

서운한 감정

(2-10)

네게 먼저 말할까?
네가 좋아할지 몰라서 몇 번을 할까 말까 생각했다
네가 보고파서 그래도 한번은 해 봐야지 용기를 냈다
너의 가슴속 맺힌 서운한 감정 쉽게 풀리리라 생각하지 않는다
그래서 나의 마음 미안하면서 더 많이 아프다
너와 나 지내 온 지난 세월 자꾸만 생각나 이 가슴 쓰리고 아프다
왜? 그땐 몰랐을까?
"미안하다"는 말 해 주며 마음 아픈 널 감싸안아 주었더라면
이렇게 내 가슴 아파하지 않았을 텐데 ——
이제와 후회한들 무슨 소용 있겠냐마는
그래서 더 미안한 마음만 한가득 남았다
네가 속상했던 그 마음 조금이나마 풀어질 때
넌 날 용서해 줄 수 있겠니?
보고파진다 가슴이 너무 아프고 자꾸만 눈물이 난다
나의 영혼은 널 기다린다
내게 가까이 다가올 수 있도록 이 가슴 활짝 열렸다
지금이라도 처음으로 돌아갈 수 있다면 날 새롭게 만들 것이다
그리고 싱그러운 아침 햇살이 되어 널 반기리라
"너와 나" 우리 "삶"을 빛나게 해 주리라.

배부름의 행복

(2-11)

푸 - 우 푸 - 우 밥 짓는 소리에 배고파진다
크게 뜬 하얀 쌀밥 한 수저 잘 익은 김치 한 가닥 얹혀 먹으면
입안에서 "꼴깍" 인사를 한다
먹어서 배부른 행복도 있다
곁에 가까이 있지만 그걸 모르고 지나쳐 버린다
"아" "잘 먹었다" "배부르네" 인사를 한다
잘 먹었다는 느낌으로 배부름을 알지만
그 느낌은 행복함과 함께 있다는 걸 왜? 모르는지?
우린 매일 행복을 찾는다 잠을 자면서도, 일을 할 때도
그 행복 속에는 성취감도, 만족감도 있다
우리가 모르고 사는 "삶" 속에는
하나의 하찮은 존재감 속에서 행복을 얻을 수 있다
하지만 잃어버린다 찾지도 못하고 그저 큰 거만 얻으려 한다
물질적 행복도 있지만 느낌 속 행복도 상상 속 행복도 있다
우리가 살고 있는 일상생활 어디에서도
귀 기울이고 생각을 가진다면 하루의 행복은 다가온다
오늘 하루 먹는 밥 한 끼 속에서
나는 찾았다 그것은 바로 "배부름의 행복"인 것을 ----

짧다 인생길

(2-12)

짧 - 다

긴 줄만 알았는데 벌써 다다른 인생길

젊음을 뒤로하고 굽이굽이 돌아서 왔건만
가는 줄 모르고 어느새 다 가 버렸다

남은 길 몇이던가?
세어 보지 못했다

"가다 쉬고" "가다 쉬고"

몇 번 더 쉬고 갈 수 있을는지?
가는 세월도 야속다 하더라

너 따라가려니 다리도 아프고 허리도 아프고

이내 청춘 다 가 버렸다.

불쌍한 "삶"

(2-13)

모르고 산다 "자신을"
그걸 모르고 살기에 "불쌍한 삶"인가 보다
돌아볼 수 없다
그러기엔 너무 늦은 감뿐이다
세월 속으로 묻혀 버린 "불쌍한 삶"이기에
원망도 하지 않고 잊어버리고 갈 뿐이다

"나" 주어진 운명 속에서
하루 또 하루 살아갈 수밖에 없는
선택받지 못한 "불쌍한 삶"을 "넌" 그렇게 살아왔다

너 스스로 약점이란 것들을 찾아내 되새김질하는 예민함 속에서
조금씩 부끄러워했고 진심을 말할 때
듣는 사람은 진실 속에서 고마워했다

오늘 하루 삶을 살아간다
하루란 시간 속에서 한 없이 나타났다 사라진다
결국 모든 "삶" 자체는 태어나고 죽는 "불쌍한 삶"의 운명을 가졌다.

인생 부동산

(2-14)

돌고 또 돌고 돌아가는 인생길
"인생"이란 이름으로 부동산 차려 놓고
팔려고 합니다 나의 인생을 ——

그냥도 가져가라 하지만
찾아오는 이 하나 없는 가엾은 나의 "인생 부동산"

어느 누가 사려고 하는 사람 있을는지?

지금까지 걸어온
지난날의 인생 부동산 문을 닫고서

이제는 조용히 묻혀 가려 합니다
모든 것 다 내려놓고 세월 속으로 조용히 떠나려 합니다

가다 서고, 또 가다 설지라도
마지막 찾아가는 나의 인생 부동산
오늘 하루만큼은 불쌍한 삶 살지 않으렵니다.

한 농부의 회고록

(2-15)

동녘하늘 붉게 물든다 먼동이 튼다
닭장 속 홰를 탄 장 닭 한 마리 두 날개 퍼덕이며
목을 길게 치켜세우고 힘차게 소리 내며 운다
장 닭 울음소리에 잠에서 깬다 손등으로 눈을 비빈다
새까만 손등에 잔주름만 한 가득
잃어버린 지난세월 한숨 한 번 "후"하고 크게 내 쉰다
한쪽 어깨에 손 때 묻은 괭이 한 자루 들쳐 메고
또 한 손에 가슴어린 호미 한 자루 쥐고서 일터로 향한다
허름한 작업복 한 벌에 구멍 뻥 뚫린 낡은 장화 한 켤레 신고서
터벅터벅 무거운 발걸음과 함께 걸어온 지난날의 고달팠던 삶의 조각들
당신이 지금까지 살아온 영혼(靈魂)속에 고스란히 담겨져 있다
하루가 간다, 또 하루 온다
오늘 하루 살다보니 가는 세월도 먹는 나이도 점점 힘들어 한다
몸도 마음도 타 들어가는 내 육신과 함께
방울방울 맺힌 땀방울 되어 주르르 흘러내린다
깊게 패인 주름살 하나하나 곱게 핀 영혼속의 삶의 조각들
참되고 거짓이 아닌 순순한 인연(因緣)을 만났다
태어날 때 주어진 "삶" 하나 감사히 받았다
그런 나를 보며 웃는다 지나온 세월 속에 내가 바로 오늘 주인공이다.

숨어 사는 자존심

(2-16)

지키려 하는 자존심
그게 뭐길래 버리고 산다

가슴속 숨어 사는 나의 자존심
말하지 못하고 참고 또 참고
고무풍선 하나에 담고 살았네

때로는 터질세라
조바심 속에 사는 나의 자존심

꼭꼭 숨어 좋은 세상 가거들랑
그때 거기서 터놓고 말하자꾸나.

"안 돼"만 하지 말고

(2-17)

오늘 하루 말하지 말까요? 정말 안 되나요?
무조건 "안 돼"만 하지 말고 되는 쪽으로 생각 한번 해 보실래요?
사람이 하는 일인데 안 되는 일 어디 있다고 ——
"안 돼"란 두 글자 속 어긋난 듯 흩어져 버린
조각난 요즘 하루 되어 갑니다
차갑게 들리는 거절보다
"생각해 볼게"라는 당신의 속삭임을 듣고 싶었는데
차라리 듣기 좋은 거짓말이라도 해 주면 얼마나 좋았을까요?
지금은 야속다 하는 마음만 자리 메꿈을 해 준답니다
사람들은 말과 행동에서 백 가지 의미를 찾아낸다 했습니다
진심을 말할 때 진심으로 받을 용기는 없었는지요?
진심은 진심을 받아서 서로 간의 마음과 마음을 느끼는 거라 했습니다
생각을 하면서 말하지 못할 때 그 시간이 지나면 후회를 하게 된다지요?
지금까지 살아오면서 가슴속 깊이 맺혔던 응어리들 훌훌 털어 버리고
좋은 인연 가지고 행복한 "삶" 살았으면 하는 바람뿐이랍니다
"나" 자신 토닥이면서
"안 돼"란 말 까맣게 잊어버린 채 다시 갈 수 있다면
내가 가진 모든 사랑 드리고 싶습니다
그리고 함께 갑시다. "영원히"

오늘 하루만

(2-18)

왜 일까?
홀로된 느낌 참 불쌍하다
가슴은 메어오고 눈물이 핑 돈다
지나온 과거 속에는 후회만이 한 가득 남을 뿐이다

태어날 때 받은 "주어진 삶" 하나 세월은 너는 알려나?
현실 속에 살고 있는 지금의 내 인생
왜 이리 가련한 생각마저 드는지?

무엇인가 모자람 속에서 손을 벌린다
빌어먹는 거지마음처럼 느낌도 받는다
비참함도 처량함도 함께 갖는다

영혼(靈魂)을 탈피하고 아무것도 모르는 육신만 남아
오늘 하루만 살고 싶어 한다

언제나 모자람 속에 쩔쩔대며 살아가고 있는 나의 인생
삶에 의미가 무엇인지도 잊은 지 오래다

그저 흐르는 시간 속 육신(肉身) 하나만 덩그러니 남아
삶의 영혼은 먼발치에서 구경만 할 뿐이다

하루하루 살아온 삶은 야속 다 한다
가만히 생각하면 모든 게 변해버린 혼자만의 이별
모두다 의미 없게 만들어 가는 네가 누구인지 잊어버려라
네가 생각하는 모든 것들
아쉽고 마음 아파 하지만 모든 만남은 끝을 보인다

마음이 아프다
마음 한 구석에 남아있는 건 핑 도는 눈물 한 방울 뿐
살아생전 오늘 하루만 살다 가는 인생도 길고도 짧은 인생이라

무엇이 그리 서운한지 가다서고가다서고
한숨한 번 후 쉬고나 길 떠나는 내 인생(人生)일세.

희망 고문

(2-19)

가진다 "희망"을
안 되는 줄 알면서 버리지 못한다 그래서 상처도 받는다
거짓된 희망일망정 가진 걸 웃으면서 행복해한다
"꿈"을 꾼다 꿈속에서 희망은 날개를 펼친다 수평선 저 넘어 날아오른다
날아오른 그 꿈들은 화려함 속에 희망을 준다
비록 이루지 못할 꿈일지라도 한 걸음 한 걸음 또 시작하고 도전을 한다
단지 너와의 만남은 새로운 시작을 의미하지만
그 만남 속에서 진실이 아닌 망각이란 마음에
상처를 받으면서까지도 "거짓된 희망"으로 괴로움을 얻는다
"바람"이라는 것도 안다 하지만 현실이 될 수 없다
그저 마음속에 담고 기대할 뿐이다
마음속 깊이 남을 허탈감은 생각지도 못한 채 "단념"해 버릴까?
정신적 고통을 받으면서까지도 가지고 살아가야 하나?
마음속 숨기고 있는 허황된 사실 "그게 아닌데"
스스로 "희망"이란 자체를 버리고 살자
더 이상 그것으로 인해 상처받고 싶지 않다 체념을 하고 싶다
풀지 못할 수수께끼 같은 희망을 안고 살 이유도 없다
가질 수 있는 현실이 그렇게 쉬웠다면
"희망고문"이라는 단어는 태어나지 않았을 것이다.

밥 한 끼 인생

(2-20)

오늘도
밥 한 끼 먹으려 밥 구걸 한다
먹는 한 끼, 눈치 한 끼에 배만 부르다

쏟아지는 눈물로 밥 한 끼 물 말고
마음속 응어리 반찬 삼아
한 숟갈, 두 숟갈 넘길 때면 서러움 복 받혀 온답니다

가슴속에 담은
처량한 "밥 한 끼 인생아"
어디로 갈거나?
머무를 곳 하나 없어 떠도는 가엾은 내 인생

밥 한 끼 눈물로 물 말고
마음속 응어리 반찬 삼아

밥 한 끼 얻어먹으려고
오늘도 난 그렇게 밥 구걸 하나보다

한숨 속에 살아가는 나의 인생

(2-21)

참고 또 참고 오늘 또 참는다
속 타는 이 마음 어찌하라고?
그 누가 알려나?
참고 사는 이 마음을 ---

때로는 썩어 뭉개지는 이내 가슴 어찌할 바 모르고
먼 산 한 번 쳐다보며 한숨만 후 - 후
모든 세상 저버리고 떠날까? 마음도 먹어 보지만
걸리는 게 한두 가지가 아니다

무거운 짐 짊어지고 지금껏 살아온 내 인생
이제는 훌훌 벗어던지고 홀가분하게 한번 살아 봤으면
"가자" "인생아" 떠도는 구름 따라 부는 바람 따라
한숨 속에 사는 나의 인생 마지막 막차를 탔다
오늘도 쉬어 갈 종착역 찾아 떠난다

그리고 멈추고 싶다
흙 한 줌 되어 영혼의 노랫소리 들려주리라.

내 그림자 밟고 가네요

(2-22)

천천히 걸어서 가네요
뜀박질도 하면서 가네요
지나온 내 그림자 밟고서

간다는 말도 없네요
돌아올 수 없는 길 가면서도

지금 가면 언제 오려나?
기약 없는 이별 속에서
지나온 내 그림자 밟고 잘도 가네요

가도 가도 멈출 수 없는 길
쉬었다 가고파하는 마음 가슴에 묻고서
"어서 가자" "어서 가자"
저무는 저 언덕 넘어 내가 편히 쉴 수 있는 그곳까지

내 그림자 밟고 가자 하네요
천천히 걸어가자 하네요.

아파 오는 내 가슴
눈물 한 방울에 띄워 보내리

(2-23)

아파 오는 이내 가슴 생각하니 눈물이 앞선다
펑펑 소리 내어 울고 싶지만 그럴 수 없다

아픈 이 가슴, 답답한 내 가슴 어찌할 바 모르고
그저 나오는 건 눈물뿐이다

어찌할 수 없는 나 자신을 한탄도 해 본다
미워도 해 본다

초라해지는 나 자신 지난 세월 무엇 하며 살아왔는지?
지나온 "삶"을 생각해 본다 그저 안타까운 마음뿐이다

하루하루 살아가며 저무는 나의 인생길
앞만 바라보며 살아왔던
지난 시절이 어쩌면 내 인생 최고였을까?

오늘도 아파 오는 내 가슴
눈가에 맺힌 눈물 한 방울에 띄워 보낸다.

좋아하고 사랑하는 마음 하나 가지고

(2-24)

쉬 - 쉬 잠을 자는 가냘픈 숨소리
눈을 감았지만 눈가엔 주름살 한두 줄

곤히 잠든 그대 모습 보면서
애처로운 마음 눈을 지그시 감고
살아온 지난 세월 생각합니다

가진 것 하나 없던 빈털터리 나에게
그저 좋아하고 사랑하는 마음 하나로 시집온 당신
당신의 그 가냘픈 두 손 살포시 잡고서
"우리 서로 잘 살아 보자" 약속했던 우리 두 사람

지금은 딸, 아들 둘 낳고 행복한 가정 이루고 살고 있는 게
당신의 고귀한 희생으로 이룬 "삶" 아니겠어요?

이제 남은 저무는 인생길 당신과 나 "우리 두 사람"
좋아하고 사랑하는 마음 하나 가지고
"행복한 삶" 잘 살아 봅시다.

세월타령

(2-25)

한해가 저문다 또 한 살 나이를 먹는다
육신은 갈한다, 버거움 속에 힘이 든다고 —

하루하루 짊어진 삶의 무게
깨어지고, 부서지고 바람 속으로 사라져 간다

저 멀리서 다가오는 외로움
내 옆 빈자리 자리메꿈 해주며 말을 건넨다
무거운 삶은 이제 그만 내려놓으라고

가는 세월을 붙잡으려 손을 내민다 잡을 수 없다
빈손지기 세월타령은 지나온 세월을 잊으라 한다
이제는 "너란 세월" 떠나보낸다

마음을 비우고 잊고 살리라
지나온 과거 속 허전한 마음도, 한해를 보내는 아쉬운 마음도
하루를 살다보니 모두 다 부질없는 인생사일 뿐
남은 건 빈털터리 내 몸뚱이 하나뿐일세

"세월아" "네월아" "나하고 한바탕 놀다 가세나"
세월타령 하는 이들 신세타령 하는 말 들어도 보소
이 한세상 태어나 지금까지 살다보니 수많은 걱정단 안고
모든 게 어긋난 듯이 흩어져 버린 지난 세월들
지금은 아득히 먼 곳이라오

영원할 것 같은 주어진 삶과 인연 어느새 끝을 보이고
천천히 다가오는 나의 그런 만남의 슬픈 이별은 못내 아쉬움 속
가슴 한 구석에 남아 있다오

오늘 하루 가는 세월도 먹는 나이도
세월타령 속에서 신나게 한번 놀다 가세나.

정한수 한 사발에 간절한 마음 담아서

(2-26)

세 번 따르고 세 번 절하고
하얀 접시 위 정한수 한 사발 떠 놓고서
간절한 마음 담아서 빌고 또 빌어봅니다

"저희 아들, 딸 잘되게끔 도와주세요"
매일 아침 빌고 비는 애타는 이 마음
언제쯤 들어 주실까?

자식 낳고 자식 기르고
살아생전 언제나
자식 걱정 안 하고 살는지?

자식 가진 부모들의 애타는 이 마음은
눈을 감아야 잊을 수 있을까?

오늘 아침 세 번 따르고 세 번 절하고
정한수 한 사발에
간절한 마음 담아서 빌고 또 빌었답니다.

하루란 삶을 살면서

(2-27)

어둑어둑 서산에 하루해 진다
하루란 삶을 살면서 오늘 하루 뭐 했는가? 묻고 싶었는데
바쁘게 움직이는 이 몸 하나 호미질, 삽질로 두 어깨
천근만근 무거운 짐 자락에
하루해 지기까지 이 일 저 일 찾아서 움직여 보지만
돌아오는 건 하루살이 고달픔뿐이다
그나마 다행인 것은 가진 게 몸뚱이 하나
아직까진 쓸 만한 물건일세
세월 속에서 걸어온 "내 인생"
하루 삶을 살면서 완벽한 "삶" 어디 있으랴?
그럭저럭 되는 대로 살다 보면
그 삶이 무난한 "삶" 아니겠는가?

이제는 "나" 반겨 줄 수 있는 곳
따뜻한 품 안에 안겨 줄 내 고향 산천으로 돌아가리라
그리고 묻히리라
이 한 몸 재가 되어서.

아버지란 이름으로

(2-28)

오늘 문득 생각납니다
"나" 어릴 적 떠나신 우리 "아버지"
지금은 희미한 기억 속으로
아련히 떠오르는 아버지 얼굴 그동안 잊고 살면서
이제는 아들인 "나"도 주름살 늙은이가 된
"아버지"란 삶 살고 있답니다

그 언제였던가? 기억도 가물가물
어릴 적 불러 보았던 "아버지"란 이름은
지금까지 살아온 세월 속으로 가신 님 따라 떠나 버리고
그 옛날 아버지 생각에 눈시울 적신답니다

아버지 날 낳으시고 어머니 날 기르시니
지금의 자식인 내가 있기에
가신 님 일 년에 한 번 제사상 차려 놓고
큰절 올리며 뵙는 나의 부모님
부디 좋은 세상 만나시어 행복한 "삶" 누리옵소서.

주어진 "삶" 하나

(2-29)

태어날 때 받았습니다
고맙게 받았습니다
내게 주어진 "삶" 하나를 자랄 땐 모르고 자랐습니다
키워 주신 부모님 덕분으로 —
그렇게 점점 커 가는 나의 모습
주어진 "삶" 하나에 담고 살았습니다
지금에 와 나이 들고 늙어 가는 내 모습 보면서
지나온 세월 어떻게 살아왔는지?
희미한 기억 속에 주어진 "삶" 하나 끄나풀 되어
질긴 동아줄처럼 한 가닥 인생길 놓지 않고 살아왔답니다
때로는 끊어질까? 두려움의 "삶"도 있었지만
참고 또 참고 지켜 온 "삶"이기에
행복함을 맛볼 수 있는 "삶" 하나 되었습니다
받을 땐 모르고 받았던 내게 주어진 "삶" 하나
같이 갈 수 없는 동행이기에 이제는 천천히 두고 가려 합니다
그리고 마지막 막차를 타고
주어진 "삶" 하나 인생길 끊어 가려 한답니다
잊혀 가는 영혼 속으로 ——

당신을 병원에 두고

(2-30)

60 평생 모르고 살았습니다 이렇게 마음 아플 줄 ----
당신을 병원에 두고 혼자 오는 길
자꾸 눈물이 나 펑펑 소리 내어 울었답니다
차라리 내가 아플 걸 미안해서 울었습니다
마음 아파 울었습니다
시시각각 떠오르는 당신 모습
이렇게 브고파할 줄 예전에 몰랐습니다
항상 내 옆에 있어 좋아만 했습니다

그런데 당신이 없는 빈자리는
이렇게 크고 마음 아파할 줄이야 생각하지 못했습니다
당신과 나 콩깍지 되어 붙어 지내던 지난날
어쩌다 오늘은 당신을 병원에 두고
집에 혼자 돌아와 덩그러니 누워있습니다

보고파집니다
자꾸만 눈물이 납니다
당신이 베었던 베개에 얼굴을 묻고서

당신이 품었던 아름다운 향기를 맡아봅니다
마음속 깊이 스며듭니다
느껴집니다
당신의 포근하고 따뜻했던
품속 향기가 나의 몸에서 되살아납니다

당신 목소리가 들립니다
"대장님" 하고 내 곁에 가까이 와 환한 웃음 짓던
당신의 고운 미소와 함께
당신에 대한 사랑이 다시 태어납니다

지금까지 살아온 "삶"의 조각들 하나하나에
고귀한 사랑을 담고 살아온 당신의 아름다운 인생이
나의 가슴속 살아 숨을 쉽니다

이제는 잊지 않으리다 당신에 대한 고마움을
나에게 가장 소중한 사람은 당신이라고

부디 아프지 말아요
걱정도 하지 말아요
"당신과 나" 몰래 숨겨 온 우리 둘만의 사랑은
매일매일 행복한 오늘을 만들 것입니다.

노년으로 가는 길

(2-31)

나이를 먹는다 육신은 말한다, 힘이 든다고
희고 가느다란 머리카락은 점점 모습을 감춘다
어느 때이던가? 풍성했던 기억 속에서 하나, 둘 자취를 감추더니만
희끗희끗 변해가는 네 모습 어느새 그 자리 민둥산 되어간다
세월이 달한다 네가 느끼는 모든 것이 바뀌어 가는 것이라고
바뀌는 내 모습 보면서 서러워하지도 말라 하네
날 이길 사람 아무도 없다 하네 어쩌면 그 말이 맞을지도 모르지만
지금의 내 모습 보이는 게 전부일까?
아득히 먼 곳이라 느껴지는 지난 세월 속의 삶의 흔적들
깊게 파인 주름살 하나하나에 고이 담아왔거늘
오던 길 뒤돌아보고 또 돌아보며 수많은 걱정 속에서
인생의 마지막 가는 길 한숨으로 떠나보낸다
길 떠난다 내가 지금 가는 길 알 수 없지만
점점 다가오는 너와의 인연이 영원한 것이 아님을 안다
만나고 헤어짐 속에 모든 삶 자체가 끝없이 다가오고
세월도 나도 천천히 아주 천천히
한 발짝 한 발짝 걸어가는 노년으로 가는 길이야말로 내게 주어진
"삶" 하나 잘 살고 가는 마지막 내 자신의 선택이었는지 모른다고
나이도 나의 육신도 동반자 되어 말한다.

주름살투성이인 내 얼굴

(2-32)

나이 먹고 늙어 가니 주름살투성인 내 얼굴
이마에도 주름살 눈가에도 주름살
주름살투성이 다 되었다

팽팽했던 내 얼굴 어디로 갔을까?
거울 보고 물어보니 고개만 절레절레

보톡스 한번 맞아 볼까? 생각도 한번 해 보지만
"주신 대로 살자"
"생긴 대로 살자"라고 마음먹는다

지금은 주름살투성이 된 내 얼굴
나이 먹고 늙어 가니 어쩌겠는가?

세상살이 살다 보면 자연으로 가는 인생을
주신 대로 살고 생긴 대로 살면서
편안한 일생 찾으려 합니다.

배곯았던 그때 그 시절

(2-33)

배고파서 나는 소리
못 먹어서 나는 소리
꼬르륵 - 꼬르륵
배곯은 소린가 보다

예부터 뭇 먹고 사는 사람 배곯았다 했는데
지금 세상 못 먹고 배곯는 사람
그 어디에 있으리오?

아무리 없이 살아도 끼니때 밥 굶던 그 시절 똑같을 리 없을 테고
지금 와 생각해 보면
없어서 못 먹고 "배곯았던 그때 그 시절"
가슴 메이고 눈물바람 한답니다

그래도 지금은 밥 세끼 꼬박꼬박 먹으며
꼬르륵 -꼬르륵 배곯는 소리 듣지 않으니
이보다 더 좋은 삶 어디에서도 찾아볼 수 없구려
이제는 그 옛날 배곯았던 그 시절 생각 속으로 남겼답니다.

저 대문 밖 마지막 길

(2-34)

어느새 늙고 늙어 쭈그렁탱이 되었구려
천근만근 무거운 짐 짊어지고 내려놓을 곳 그 어디뇨?
살다보니 아등바등 그렇게 살아왔거늘
이제나저제나 하고 지금까지 살아온 이 한세상
야속다 한탄할 수 있겠는가?

태어날 때 주어진 "삶" 하나
그 누굴 원망할 수 있겠소?

"너는 네 인생" "나는 내 인생"

저마다 살고 가는 각자도생이거늘

살아생전 가진 게 이 몸뚱이 하나밖에 남지 않았구려
오늘 갈까? 내일 갈까?
언제 갈지 모르는 마지막 가는 이 길은
이승에서 저승으로 빈손 쥐고 가는구려
어쩌면 그 길은 저 대문 밖 마지막 길인가 봅니다.

잃어버린 내 젊음

(2-35)

가졌다
지금은 없다
가 버린 세월이 훔쳐 달아나 버렸다

지나가 버렸다
지금이 한창인데 놓치려 하지 않는다

"흘러간 세월아"
"네가 정말 야속다"
붙잡고 싶었지만 붙잡을 수가 없더라
가는 세월 따라 함께 따라가더니만
영영 돌아올 수 없는 강 건너 버렸다
그래도 아직일까? 미련 속에 산다
버리지 못하고 착각 속에 산다
마음만은 한창인걸
지나간 세월 속으로 "잃어버린 내 젊음"
어디에서 찾을거나? "너"는 알고 있겠지?

눈물

(2-36)

지그시 감았다
"두 눈"을 흐른다
눈가엔 어느새 촉촉이 조르르 물방울 하나

마음속에 담았던 슬픔의 위안(慰安)인가?
슬픔 속에 가려진 마음의 심로(心勞)인가?

가 버린 세월 속 묻혀 살아온 인생의 뒤안길 쓸쓸함이 여민다

어느 땐 조용히 손등을 훔친다
손등에 묻은 숫한 사연의 눈물 자국들
잊어버린 것일까?
아님 잊으려 하는 것일까?

그 발자취 들여다본다 마음 아파한다 후회도 한다

생각 속에 잠긴 때늦은 지난날들의 "삶"의 조각들
흘러내리는 "눈물 한 방울"에 담아 버렸다.

돌부리

(2-37)

이리도 차인다 저리도 차인다
또 차인다
차이면서 살아온 나의 인생
아파할 겨를도 없었다
돌고 도는 세상사
차이며 살아온 인생사
거기서 거기가 아니던가?
때로는 차이고 때로는 밟힌다
그래도 우뚝 자리 잡고 서 있다
모진 풍파에 흔들릴지언정
인생길 하나 버팀목에 몸을 실었다
흐르는 세월 속에 깎이고 부서져 흐트러져도
내게 주어진 "삶" 하나 지키려 몸부림쳤다
어쩌면 돌부리 같은 나의 인생
닳고 볼품없이 변해 버렸지만
지금까지 지켜 온 "삶"의 한 조각
영혼 속 "돌부리" 되어 영원히 살아 숨 쉬리라.

실바람 인생길

(2-38)

어디서 왔을까?
어디로 가려 하나요?
가는 곳도 모른다오
머무를 곳 하나 없어
떠돌아다니는 실바람 인생이라오
오늘은 이곳에서 내일은 저곳으로
실바람 타고 가는 나의 인생
뜬구름 되고 먹구름 되어
밀고 밀치며 살아온 인생살이
지난 세월 돌이켜 생각해 보면 어려운 때도 참 많이 있었지요
나 가만히 숨 쉬고 있을 때
나의 인생 실바람 되어 오라 하네요 가라 하네요
세월의 시기와 질투 속에서 지친 날 위로해 주고 토닥여 준답니다
지금은 인생의 끝자락 실바람도 함께 가는 동반자 되어서
저물어 가는 저녁노을처럼 나의 인생도 그렇게 저물어 갑니다
한 가닥 실바람도 가다 서고 가다 서고
이제는 나도 버거워하는 낡은 짐 벗어던지고
홀로 외로이 실바람 타고서 나의 인생길 가려 합니다.

또 다른 이유 하나

(2-39)

"그래"
다시 시작하는 거야
지난 일들은 추억 속으로 묻어 버리고

가 버린 그 세월
뭐 그리 대단하다고
"잊어야 한다"는
그 말 한마디 두고 온 거야

난 오늘 새로운 "삶"에 의해 몸을 실었다
가까이 내게 다가온 "희망"도 "용기"도 다 가졌다

내일을 향한 "또 다른 이유 하나로"
난 그렇게 나의 인생길 찾아 가련다

어쩌면 그 길은 너 혼자만이 가질 수 있는
참되고 거짓이 아닌 진실된 "삶"이 아닌가 싶다

짜증 반 한숨 반

(2-40)

더워 - 더워
너무 더워 못 살겠다
시원한 냉수 한 컵 마셨으면 ---

땀은 비 오듯
닦아도 닦아도 줄 줄 줄

"덥다" "덥다" "너무 덥다"
나만 더운가?

생각난다 생각이 나
이런 날씨 팥빙수 한 그릇

오늘 가고 내일 가고 언제 가려나?
요즘 같은 더운 날씨는?
남는 건 "짜증 반" "한숨 반"뿐이지만
오늘 하루만큼은 "웃음 한 가득" 가져가세요?
그리고 "하" "하" "하" 크게 한 번 웃고 가자구요.

욕심

(2-41)

한도 끝도 없이 가지려 한다
버리지 못한다 쥐려고만 한다

가지고 갈 것도 아니면서 "왜" "욕심"을 내는 건지?
모른다 알려고 하지도 않는다

알고 나면 별것도 아니런만
한도 끝도 없는 그 "욕심" 가지려 한다
포기도 못 한다 못 가져도 "고" 한다

"욕심"이란 게 끝이 없는데 가지면 행복할까?

아니다
그 "욕심" 때문에 한순간만큼은 행복할지 몰라도
마음 아파 후회하는 "삶" 그만두기로 했다.

제3절

가 버린 세월 속으로 묻혀 가리다

1. 어쩌다 보니
2. 집 나이 칠십
3. 잠시만
4. 1년을 기다려야 한다지요?
5. 세월도 먹고 나이도 먹고
6. 흙 한 줌 인생길
7. "나이는 못 속인다" 했는데
8. 더 좋다
9. 무엇을 잃으셨나요?
10. 시간 속에 사는 인생
11. 끝자락 내 나이 "어" 이제 한 달 남았네
12. 저무는 한 해를 붙잡을 수 없네요
13. 거울 속 또 다른 한 사람
14. 제발 그냥 가져가세요 "먹는 내 나이 좀"
15. 나를 붙잡는 이별
16. 끝자락
17. 내 마음 당신이 알아줬으면
18. 70일 간의 아름다운 여정
19. 한 순간의 선택
20. 선율
21. 하루해 진다
22. 월급쟁이 하던 그 시절
23. 오늘 하루 어땠나요?
24. 인연(因緣)
25. 어찌할꼬?
26. 막차
27. 하나에서 열까지
28. 묻혀 가려 하지만
29. 불 내음 향기가 되어
30. 빈자리 하나
31. 그림자 사랑
32. 그대 그리움
33. 지게꾼

어쩌다 보니

(3-1)

나이도 먹었다 "그렇게" 세월도 익었다 "그런가?"
정신없이 살다 보니 "글쎄" 삶의 자취를 잃어버렸다
어떻게 먹는 나이를 막을쏘냐? 가는 세월을 붙잡을쏘냐?
아득히 먼 곳을 향한 나의 영혼이 익어 가는 소리 들린다
눈가에 맺힌 주름 한 줄 너의 모습은 진정 거짓이 아닌 진실의 "삶"이로다
"나를 잡는다" 가지 말라고
너와의 만남은 영원할 수 없으니 우리의 인연은 여기서 끝을 보인다
어디선가 들려오는 너의 가냘픈 노랫소리는 나는 가고 너는 남으라 한다
가는 길 잡아 주었던 "너의 손길" 같은 마음인 줄 알았건만
돌아선 차가운 뒷모습은 이별마저 나를 울게 만든다
이제 나의 찬가를 들려주리라 네가 부를 수 있도록 —
나의 가슴속 맺혔던 눈물까지도
세월 속 시기와 질투 속에 다 태워 버릴 수 있게끔
그리고 무심코 지나쳐 버린 지난날들은
수많은 걱정만 안고 한숨만을 쉬었다
하나둘씩 잊혀 간다
가 버린 세월 속으로 어디선가 들려오는 또 다른 노랫말 소리는
"나"도 모르게 버티고 서 있는 내 모습 비춰본다
이렇게 변했구려, "당신 모습이" 내가 누구인지 어쩌다 보니 잊어버렸다.

집 나이 칠십

(3-2)

올해 내 나이 칠십
집 나이로 먹었습니다
부인이 물어보네요
여태껏 뭐 했냐고?
그러게 말입니다 칠십 나이 먹을 때까지
뭐 했는지 나도 잘 모르는 걸요?
지금까지 살아오며 지나온 과거 속으로
모든 걸 다 까먹어 버렸나 보네요
참으로 가는 세월은 왜 이렇게 빨리 가는지?
칠십이란 "내 나이" 허공 속에서 숫자 놀이 하는가 봅니다
내 손등 내 얼굴 주름살 느는 것 보면 다 알 듯한데
거울 앞에 서다 보면 정말 칠십 내 나이 맞는가?
의구심마저 든답니다
그래도 요즘 들어 하루 밥 세끼 꼬박꼬박 챙겨 먹는 집 나이 칠십 살
먹는 밥그릇 숫자도 잘 모르고 사는데
여태껏 먹은 내 나이 뭐 그리 대수인가요?
앞으로 살 나이 몇 살까지 살는지 알 수는 없어도
이제 남은 내 인생 먹는 나이 상관없이 마음 편히 살다 가려 한답니다.

잠시만

(3-3)

그냥 가지 말고
잠시 쉬었다 가자
방황하지 말고
조금만 쉬었다 가자
고달픈 오르막 "인생길"
무거운 짐 살짝 내려놓고서 잠시만 쉬었다 가자
네가 가는 길 험난할지라도
헉헉대지 말지어다
숨 한번 크게 쉬고서 잠시 쉬었다 가다 보면
지나온 "삶"의 고통 줄줄이 흐르는 땀방울 되어 모두 다 씻겨 주리다
잠시 눈을 감는다
한 조각, 두 조각 이어 온 "삶"의 조각들
지난 세월 속으로 흙먼지 되어 사라져 간다
해님도 잠시 쉬었다 간다
구름 속에 숨어서 달님도 잠시 쉬었다 간다 나뭇가지 걸터앉아서
해가 뜨고 달이 지고 하루해 지면서
세월 속 인생길도 잠시 쉬었다 간다.

1년을 기다려야 한다지요?

(3-4)

떠나려 하네요 그새를 못 참고
조금만 더 있다 가지
지금 가면 1년을 기다려야 한다지요?
보내는 이 마음 아쉽다 하지만
떠나는 당신은 웃음 짓고 가지요

백옥 같은 꽃망울에
풍겨 오는 당신의 싱그러운 숨결은
다시금 날 살아나게 하는데

그런데 자꾸만 가려 하네요
떠나려 하네요

당신을 사모하는 이 마음 헤집어 놓고서

지금 가면 1년을 기다려야 한다는데
조금만 더 있다 가지 그러셨어요?

세월도 먹고 나이도 먹고

(3-5)

세월도 먹었소 나이도 먹었소

가는 세월도 먹는 나이도 덧없이 가는 줄 알았더니만
남는 건 빈 몸뚱이 하나 덜렁 남았다오
이제나 저제나 가는 세월도, 먹는 나이도

뜬구름 같은 우리네 인생살이
어느 누가 막을 수 있겠단 말이오?

주먹 쥐고 태어난 인생 갈 때도 빈손 쥐고 가는구려

세상살이 뭐 별거 있나요?
오늘도 하루 내일 또 하루
세월도 먹고, 나이도 먹고

빈 지게 지고서
맛깔나게 덩실덩실 춤추며
"기분 좋은 삶" 살다 가 보렵니다.

흙 한 줌 인생길

(3-6)

없으면 없는 대로
있으면 있는 대로

모든 것 다
내려놓고 살다보니 가진 게 하나도 없소

그런데도
하나 가지면
둘 갖고 싶고
둘 가지면
셋 갖고 싶은
부질없는 그 "욕심"
마음먹기 달렸거늘
이승에선 버리고 가소
마음 편히 가시구려

"흙 한 줌" 인생길
빈손 쥐고 편히 가시구려.

"나이는 못 속인다" 했는데

(3-7)

나이는 왜 먹소?
먹으려고 먹은 게 아니고
해가 가고 달이 가니 세월 따라 나이도 먹었지요?
지금 내 나이 70 평생 살아온 내 인생
어쩌다 살다 보니 그럭저럭 한평생 살아갑니다
요즘 들어선 어제 다르고 오늘 다르고
해가 다르게 이 몸뚱이도 변해 가는데
"나이는 못 속인다"라고 어느 누가 말했는지?
그 말이 나에게도 딱 맞는 말인걸요?
어제도 하루 오늘도 하루 하루하루를 살다 보니
나이 들고 주름살 늘고 늙는 내 모습 보면서
젊었던 시절의 내 청춘을 다시 찾고 싶어집니다
돌아도 가고 싶습니다
영원할 것 같은 지난 시절 그 곳에 더는 내가 없기에
지금의 현실 속에서 조용하고 아름다운 삶의 영혼(靈魂) 속으로
조금씩 조금씩 다가설 것입니다
그리고 인생의 끝자락에선 내 인생을
사랑하고 가진 걸 다 내려놓으며
맛깔나게 한번 잘 살다 갈 겁니다.

더 좋다

(3-8)

보고 싶어 했는데 옆에 있다
그래서 좋다 보니까 더 좋다

내 가슴 두 근반, 세 근반 콩닥콩닥 뛴다
네가 있어 좋다 가까이 있어 좋다
옆에 있어 더 좋다

새색시 연지곤지 찍어 바른 것처럼
어느새 내 얼굴 홍당무 되었다
웃어줘서 좋다 행복해서 좋다
네가 함께해서 좋다

이래도 좋다 저래도 좋다 세상만사 네가 좋다
그래서 나는 더 좋다
"좋다" "좋다" "그냥 좋다"
내가 느낀 대로 언제나 좋다
니가 내 옆에 있어줘 좋기도 하지만
내가 니 옆에 있어 "나는 더 좋다"

무엇을 잃으셨나요?

(3-9)

무엇을 잃으셨나요?
허전함만 다가오는데 ——

당신 곁에 서 있어도
쓸쓸함도 같이 옵니다

세월 속에 나이를 먹었던가요?

늙어 가는 이 몸은 아쉬운 마음뿐이고
가는 세월은 지나온 시절의 미련만 남길 뿐이랍니다

무엇을 잃으셨나요?
생각도 많아지겠죠?

마음 속 담았던 그리움을 한 아름 안고서
찾은 건 "빈털터리 마음"뿐

허전함도, 쓸쓸함도 버릴 수 없는 인생인가 봅니다.

시간 속에 사는 인생

(3-10)

아침이 밝아 오며
오늘 하루 "삶" 시작합니다

각자의 "삶"을 찾아서
하루란 시간 속으로 얽매여 가는 인생일까요?

아니면 한 바퀴 돌고 또 한 바퀴 돌아가는
시간 속 인생인가요?

세월(歲月) 따라 가는 인생(人生) 오늘 하루 살면서
지나온 시간을 쉽사리 돌아볼 수 없는 "우리네 인생사"

오늘 하루 어땠나요?
어둑어둑해지는 검붉은 저녁노을 서산에 지면

그제야 이 몸 하나 모든 걸 내려놓고서
하룻밤 편히 쉴 수 있는 그곳으로
발걸음 터벅터벅 옮겨 갑니다.

끝자락 내 나이
"어" 이제 한 달 남았네

(3-11)

한 달 두 달 가다 보니
"어" 올 일 년 한 달 남았네?

열한 달 어디 갔지?
세월 따라 같이 도망가 버렸나 봅니다

그럭저럭 세월 가는 대로 살다 보니
어느새 올 일 년도 끝자락에 와 있습니다

"참으로 세월은 유수같이 빨리도 가나 보다"
넋두리해 보지만 한 장 남은 달력 보니
쓸쓸함만도 허전함도 함께 다가옵니다

가는 세월 잡아 볼까?
가지 말라 애원도 한번 해 볼거나?

한 해 가면 또 한 살 올 일 년 먹는 나이도 한 달 남았답니다
한 달 한 달 먹었던 내 나이 이제 끝자락 나이인가 봅니다.

저무는 한 해를 붙잡을 수 없네요

(3-12)

가려 하네요 떠나려 하네요
아쉬움만 한가득 남겨 놓고서
잡을 수도 없네요
저물어 가는 한 해를 붙잡을 수 없네요

보내는 이 마음 너는 알는지?

언제 왔는지
온지도 잊었는데 또다시 가는 한 해
쓸쓸함 뒤로한 채 보내야 한답니다

가려 합니다
떠나려 합니다

하루건너 하루 사이
한 해는 가고 한 해는 오고
두 해가 바뀌는 세월은
그냥 묻혀 가려 한답니다.

거울 속 또 다른 한 사람

(3-13)

머리는 희끗희끗 얼굴엔 주름살 한가득
매일 아침 거울 속 들여다본다
또 다른 한 사람을 —

세월 따라 변했을까?
나이 들어 변했을까?

언제부터 변했을까?
거울 속 또 다른 한 사람 서 있다

두 눈 크게 뜨고 쳐다보며 물어 본다
네가 왜 거기 서 있냐고?

세월 보고 물어 보라합니다
나이 보고 물어 보라합니다

지나온 세월 속으로 숨어 버린 나의 모습
거울 속에 또 다른 한 사람 서 있다.

제발 그냥 가져가세요 "먹는 내 나이 좀"

(3-14)

일 년이란 세월 또 가네요
세월 따라 나이 한 살 또 먹네요

세월은 가고요
나이는 먹고요
세월과 나이 비대면 속에서
우린 그렇게 살고 있지요

먹는 나이는 배부르지 않고요
나의 얼굴 주름살 하나 더 늘었어요
가는 세월은 잡을 수 없고요
먹는 나이는 안 먹을 수 없네요

누가 먹는 내 나이 막을 수 있나요?

제발 그냥 가져가세요
"먹는 내 나이 좀"

나를 붙잡는 이별

(3-15)

한때는
보고파 하는 마음도
그리워하는 정까지도 깜박 잊은 줄 알았습니다

그런데 지금
당신은 내 옆 가까이 자리를 잡고 있어
좋아하고 사랑하는 그대 마음을 곱디고운 색으로 담았습니다

당신을 보고 있음에
부드러운 고운 미소와 함께
싱그러운 맑은 숨결까지도 내게 다가와
당신의 아름다운 사랑의 찬가를 들려줍니다

하지만 우리 인연(因緣)
어느 땐 금방 헤어질 것처럼 다가오기도 하고
영원할 것같이 마음 깊숙이 자리할 때도 있지만
우리의 만남은 슬픈 이별 속에 항상 아쉽고 마음이 아파와
여전히 내 맘 한 구석에 남아있답니다

언제나 가슴속으로만 사랑을 담고
쉽게 다가설 수 없는 당신이기에
가만히 생각해 보면 아득히 먼 곳이라 느껴져
나를 스쳐가는 바람 뒤로 당신의 해 맑게 웃는 모습은
그리움 속 찬바람 눈물이 되어
애써 다짐한 혼자만의 이별을
모두다 의미 없게 만드나봅니다

나를 붙잡는 이별
차가운 바람은 나를 울게 만들고
당신의 향기가 불어오면
날 떠난 그날에 아픔은 모든 게 어긋난 듯 흩어져 버린
당신에 대한 그리움으로 지친 날 토닥여줍니다

당신을 사랑했던 나의 영혼(靈魂) 마음 깊숙이 남아
단지 나와의 만남은 슬픈 이별이 아닌
새로운 시작을 의미하는 바람으로 떠나보냅니다.

끝자락

(3-16)

한 해가 바뀐 지 엊그제 같은데
벌써 한 달이란 끝자락에 매달려 있다

가고파 하는 것일까?
누가 등 떠밀며 가라고 하지도 않는데
가는 세월은
왜 이리 줄달음질치며 가는 것인지?
붙잡을 수 없는 아쉬움으로 떠나보낸다

태어나 지금까지 살아온 인생사
저버릴 수 없는 "삶"의 끈 놓지 못하고
먹는 나이도, 늙어가는 이 몸도
지나간 세월(歲月) 탓은 왜 한 대요?

무심코 바라보는 달력 한 장, 일에서 삼십일까지
숫자 놀이 속 시간은 가고 오고 마음도 함께 따라 간다
처음도 끝도 맴돌며
멀리도, 가까이에도 다가갈 수 없는 끝자락에 서다보니

이제는 찬바람 눈물로 떨쳐 보낸다
세월을 붙잡는 이별 또한
허전한 내 맘에 그리움을 남겨둔 체로 아픈 이별로 다가선다

멀어져간다
한 번 가면 돌아올 수 없는 아득히 먼 곳으로
차갑게 변해버린 계절 속으로
너는 가고 나는 혼자만의 슬픈 이별을 맞는다

우리의 인연(因緣) 수없이 만나고 헤어지면서
영원할 것처럼 그렇게 만남을 가지고 태어나지만
끝자락에 선 하루하루의 "우리의 삶"
가는 너를 보내며 새로운 바램으로 널 맞는다

네가 날 떠난 오늘 하루
난 잊는다, 그리고 또 만난다
붙잡고 싶지만 나에겐 내일이 있다
다가오는 내일의 삶을 위해
오늘 끝자락에 선 널 버린다
너의 감정도 다 태워 버렸다, 널 잊는다.

내 마음 당신이 알아줬으면

(3-17)

당신은 내 마음 알고 있나요?
얼마나 참고 살아가는지?

속 타는 이 마음
"참고 살자" "참고 살아야지" 하면서도
말 못하는 내 마음 슬픈 마음뿐이랍니다

때로는 야속다 생각을 하면서도
행여 알아줄까? 기대감 속으로 살고 있는
내 마음 당신은 알고 있나요?

세월 가면 잊어지겠지
하루하루 참고 살아 보지만
서운한 마음만 한가득이랍니다

하루를 살더라도 마음 편하게 살아 봤으면 하는
"내 마음" 당신이 제발 알아줬으면 합니다.

70일 간의 아름다운 여정

(3-18)

오늘 문득 생각이 나 마음속 담은 그리움 띄워 봅니다

흐르는 시간 속에서 흘러가는 세월은
서로 간의 손을 꼭 잡고 달음질치면서
올 한 해 끝자락에 도착하는가 봅니다
지면으로 서로의 마음 조금씩 알고 지냈던 지난날

그때가 언제인지 기억 속에 멀어져 가면서
우리는 새로운 "삶"을 살아가고 있는 게 아닌가? 싶네요

처음엔 얼굴 모르고 이름도 몰랐던
지난 "70일 간의 아름다운 여정" 속으로 함께했던 소중한 시간들
그리고 마음속에 담았던 아름다운 사연들
지금도 가끔은 생각을 하게 됩니다

우리 서로 짧았던 시간이지만
서로의 마음 담아서 주고받던 좋은 이야기들
잊을 수 없는 추억 속에서 자리 잡고 살아갈 겁니다.

한 순간의 선택

(3-19)

"한 순간의 선택이 10년을 좌우한다"는 말이 있다
어쩌면 그 말이 틀릴 수도, 맞을 수 있는 우리의 일상생활
수많은 일들이 일어나는 가운데 선택의 자유는 한 순간일 것이다

시간의 다툼 속에서 생각할 수 있는 짧은 시간들
무심코 그냥 지나쳐버릴 수도
다시 한 번 생각할 수 있는 선택의 순간들 수없이 다가온다
다만 그때가 지나면 잘한 선택은 금방 잊어버린다
잘못한 선택만이 머릿속에 뱅뱅 자리 잡는다

한 순간이란 시간은 간다, 또 온다
돌고 도는 시간 속에서 우리는 매일같이 다른 삶을 살고 있다
매 선택의 시간은 우리에게 압박을 가한다
그 압박감 속에서 결정한다
매일같이 쳇바퀴 도는 일상에서 선택하고, 실행하고
뭐 한 가지 빠질 수 없는
"한 순간의 선택"이야말로
즐거움도, 슬픔도, 행복감도 함께할 영원한 동반자일 것이다.

선율

(3-20)

나는 작곡가 너는 연주자
너와 나 아름다운 하모니 만들어 들려준다
높고 낮은 운율에 나는 마음을, 너는 감정을 담았다
기억하기 쉽고 듣기에도 즐겁다
많은 사람들에게 사랑과 행복을 준다
직선과 곡선처럼 연속적으로 울리는 너의 힘
인상적이고 감정을 호소하여 마음을 사로잡는다
조화와 조절 길이와 리듬이 너무도 잘 어울린다
음악적으로 멋진 선율, 그리고 밝은 분위기까지
사랑하는 사람들 마음에 고귀한 영혼의 메시지를 남긴다
오늘 한 순간만큼은 나는 너에게 새로운 삶의 지혜를 얻었다
슬퍼하는 마음속에서 즐거움의 행복도 가졌다
나는 작곡가 너는 연주자 제목 없는 너와 나의 작품이지만
감미로운 선율과 아름다운 하모니로
듣기를 좋아하는 우리 옆자리 관객까지
삼위일체 되어 보여 주는 것만으로 전부가 아닌
진실인 영혼(靈魂)속 리듬을 타고
매일 찾는 짧은 즐거움과 행복을 가져다주었다.

하루해 진다

(3-21)

뚜벅뚜벅 들려온다 발자국 소리가
이내 가슴 콩당 콩당 기대 반 설렘 반 하나 되면서
오늘은 마주칠까? 마음속에 담은 그 여인
마주치면 어떡하지?
반갑다고 말할까?
마음속 담고 산다 말해 버릴까?
기다리던 마음 가지고 걷고 또 걷다 다가서지요
하지만 기대하고 다가선 내 마음
허전한 마음만 한가득 안고 말았어요
아니에요
아니네요
마음속 담은 그 여인 아닙니다
기대 반 설렘 반으로 마주친 그 사람
스쳐 가는 바람 뒤로 그리움만 남긴 채 멀어져 가 버렸어요
길가 풀숲 속 풀벌레 울음소리 쓸쓸한 내 마음 대신 울어 주는지?
오늘 가고 내일 오면 다시 만날 수 있을는지?
기다리고 기다리는 내 마음 하루해 진다.

월급쟁이 하던 그 시절

(3-22)

8월 한 달 달력 넘겨지고 9월 한 장 달력 펼쳐지면
월급쟁이 하는 사람들 공휴일 며칠인가? 제일 먼저 세어 봅니다
"빨간 글씨" "검정 글씨"중 눈에 제일 먼저 들어오는 건
"빨간 글씨"뿐이던걸요

지금 생각해 보면 내가 다녔던 직장이 있었기에 행복해했고
우리 식구 먹여 살렸던 월급쟁이 했던 그 시절 그리워진답니다
때로는 고달픔도 때로는 힘겨움도 있었던 지난 시절

그 시절 참고 살아왔기에 지금의 내가 있고
행복한 우리 가정이 있는 게 아닌가? 싶답니다.
눈을 감으면 아득히 밀려오는
"월급쟁이 했던 그 시절" 생각이 납니다

지금 아쉬움 속에 살았던 그때 그 시절로 다시 돌아갈 수 있다면
내가 느끼는 바로 그것이 되어 나의 "삶" 빛나게 하리라
가진 것 모두 웃으면서
내려놓을 줄 아는 "멋쟁이 삶" 살아가리라.

오늘 하루 어땠나요?

(3-23)

"나"란 자신에게 묻고 싶습니다
"오늘 하루 어땠냐고?"

하루하루 살다 보니 "나"를 잊고 살았나 봅니다
하루란 "삶" 속에서

"세상살이 고달프다" 생각만 하고 살았어요
지나온 "세월" 속에서

어쩌면 이렇게 사는 게 힘든 것인지?

나이 먹고 늙다 보니
몸도 아프고 신세타령하는가 봅니다

"오늘 하루 어땠나요?" 묻고 싶지만
그저 그렇게 남은 인생 마음 편히 살다
좋은 곳으로 갔으면 하는
바람 가지고 살아가고 있답니다.

인연(因緣)

(3-24)

한 올 한 올 꼬았다
너와 나의 사랑을

한 올 한 올 엮었다
너와 나 운명을

난 시작점
넌 꼭짓점

한 줌 한 줌 걸어서
인연(因緣)이란 질긴 끈
하나 만들고

행여 놓칠세라
행여 끊어질세라

너와 나 두 손 꼭 잡고
소중한 우리 인연(因緣) 꽁꽁 묶었다.

어찌할꼬?

(3-25)

올 한 해 잘도 간다 또 한 해 또 간다
해가 갈수록 이 몸도 따라서 간다

밭일에 호미질까지

작년 다르고 올 한 해 다르고
어느새 이 몸 하나 절실함 느낀다

"나이는 못 속인다"
먹는 내 나이 알고 사는지?

늙어 가는 이 몸뚱이
슬픔 하나 더 가져다준다

이래저래 가는 "세월아"
나이도 끝자락 몸뚱이도 끝자락
서러워지는 내 마음 이제 "어찌할꼬?"

막차

(3-26)

끝없는 인생길 마지막 막차에 오른다

덜컹 덜컹 힘겨운 소리 흔들리는 막차는

한 정거장 가고 두 정거장 그냥 지나쳐
내릴 곳도 머무를 곳도 없다

지나온 인생길 뒤돌아보고 생각도 해 보지만
가진 게 하나 없는 무일푼 내 인생

달리는 차창 밖 "삶"의 조각들 뒤로하고
혼자만의 이별 앞에서 모두 다 의미 없게 만든다

달린다
나를 붙잡는 지난 시간들 속에서
혼자만의 인생길 "막차"를 탔다.

하나에서 열까지

(3-27)

세고 또 세고
하나에서 열까지
천천히 걸어왔습니다

두 어깨 무거운 짐 짊어지고
고달픈 길 마다 않고 걷고 또 걸어 여기까지 왔습니다

하루에 몇 번씩 생각 또 생각하며
근심과 걱정 속에서 천천히 걸어서 왔답니다

이제는 지나온 세월 모두 다 지워 버릴 순 없지만
하나에서 열까지 숫자 놀이 하면서
남은 인생길 걸어서 갈 것입니다

그리고 행복의 날들 위해
한 걸음부터 열 걸음까지
천천히 걷고 또 걸어갈 것입니다.

묻혀 가려 하지만

(3-28)

요즘 세상 참 좋아졌어?
살기 좋은 세상이야

하지만 그래도 지나온 옛 세월이 생각이 나는 걸 어떡하죠?
흘러간 세월 속에서 찾을 수 없는 인생 이야기들
무심한 세월을 한탄할 수 없는 요즘 세상 되어 버렸나 봐요

다들 "요즘 세월이 좋은 모양이야?" 라고 하지만
지나온 세월 속 "고난과 역경"을 잊었을까요?
사실은 그게 아닌데

요즘 세상 "살기 좋은 세상"이라 하지만
그래도 살아온 지난 세월 가끔씩 생각이 난답니다

그때가 정말 "좋았던 시절"도 있었단 말이지요?
이제는 모든 것이 지난 세월 속으로 "묻혀 가려 하지만"
좋았던 지난 시절이 그립고 그리워진답니다.

불 내음 향기가 되어

(3-29)

늦가을 쌩쌩 부는 찬바람
길 위에 떨어진 노랗게 물든 솔가루
기다란 대비 한 자루 쓱 - 쓱 청소하는 청소부 아저씨

한곳에 모아 둔 솔가루 가지고서
어릴 적 추억 속 불 한번 지펴 볼거나?

검정 솥 하얀 쌀밥 안쳐 놓은 아궁이
솔가루 한 줌 쥐고서 성냥개비 칙- 불붙이시고

부지깽이 툭-툭 치시며 솔가루 불 때시던 "울 어머니"

저녁 되면 어머니 품속 고개를 묻고
옷에 밴 불 냄새 맡으며
잠들었던 지난 어린 막둥이 시절

길 위에 떨어진 노란 솔가루 보며 생각이 난다
아련히 떠오르는 추억 속에 "불 내음 향기가 되어"

빈자리 하나

(3-30)

오늘 자리 하나 비었습니다
당신이 떠난 빈자리 앉으면
마음이 아파 옵니다
그리움도 함께 다가옵니다

당신과 나 "우리 둘"
함께 앉았던 두 자리 중 텅 빈 자리 하나
누가 채워 줄 수 있나요?

자꾸만 생각이 나고 보고파집니다
당신이 없는 텅 빈 자리
오늘 자리 하나 비었습니다

당신이 앉았던 자리 하나
쓸쓸함만이 자리 메꿈 해 준답니다

자리 하나 비었습니다 당신이 앉았던 "빈자리 하나"

그림자 사랑

(3-31)

무심코 던진 그 말 한마디
내게 슬픔을 가져다주었지요
쉽사리 다가갈 수 없는 이 심정
이대로 끝이 보인답니다
지금까지 함께한 지난 세월은 아무런 의미가 없는 "삶"이었나요?
사랑 속에 맺어진 당신과 나의 "우리 둘 인연"
어쩌면 희미한 기억 속 "그림자 사랑"이었나 봅니다

마음 아파하지 말아요? 떠나려 하지도 말아요?
여기까지 참고 살아온 지난 세월
보이는 게 전부가 아닌 서로의 믿음 속에 살아온
소중한 "삶"을 간직할 수 있었으니까요
우리 이제 슬픈 사랑 만들지 말아요?

서로 가까이 옆에 있어도 있는 듯 없는 듯 가슴속 깊이 간직하고선
마음에 꼭 담을 수 있는 아름다운 "우리 둘 사랑"
"그림자 사랑"일지라도 그 사랑을 영원히 사랑할 겁니다.

그대 그리움

(3-32)

떠난 지 몇 해인가? 셀 수 없어요
그런데도 내게 남아 있지요 그대 그리움은
잊었나? 싶으면 다시 다가와
둘째 손가락에 마음속 물감 묻혀
눈, 코, 입 그리고 미소 짓는 그대 모습 허공에 그려 봅니다
두 손 펼쳐 안아 보려 하지만 잡히는 건 그대 그리움뿐
마음이 아파 옵니다 그대 생각 때문에
가까이할 수 없기에 사무친 그리움 속 눈물 적신답니다
때로는 그대와 나 행복했던 지난 시간들
그리고 입가에 웃음 한가득 즐거워했던 옛 모습들
지금은 찾아볼 수 없는 사라져 간 우리 둘
아름다운 사랑으로 남아 있습니다
이제는 잊어야 한다지만
그대 그리움 어떻게 저버릴 수 있나요?
현실 속 찾아볼 수 없는 그대 모습이지만
마음속 그리움으로 간직하고 사랑할 겁니다
아직도 "그대 그리움" 내 옆 가까이 자리 잡고 있으니까요?

지게꾼

(3-33)

어제도 한 짐이오
오늘도 한 짐이란다
날마다 한 짐씩 두 어깨 짊어지고
무거워서 잠깐
고달파서 잠깐씩

내려놓긴 하였지만 버리지 못했다

지금까지 살아온 지난 세월을
짊어진 짐 속으로 차곡차곡 담아 놓고선
빈 지게에 몸을 실었다
두 어깨에 "삶"을 지었다

한 걸음 두 걸음 삐걱대는 지게 소리와 함께
오늘 하루 이곳에서
내일 하루는 저곳으로
머물고 떠나는 인생의 지게꾼 되어 버렸다.

제4절

아주 작지만
꾸밀 수도
숨길 수도
지울 수 없는 잊어버린 그림자 되다

1. 안개 속 그림자
2. 가장 소중한 물건
3. 생각 or 꿈
4. 붕어빵의 슬픈 이야기
5. 기다림
6. 광대들의 반란
7. 새하얀 새치
8. "나"에게
9. 이별 없는 당신을 가슴에 묻고
10. 아름다운 사랑의 추억
11. 성주님 차례 상
12. 고향 가 살자
13. 행복한 추석 명절 되소서
14. 누가 하라고 해 까니?
15. 불효자 마음
16. 꼭 잡은 손
17. 잊고 살리라
18. 문득문득 생각납니다
19. 빈털터리 마음 하나
20. 마음에 담고 살아요
21. 사모하는 이 마음
22. 그림을 그리고
23. 우리 인연 여기까지
24. 그 빈자리에서
25. 과거 속으로
26. 자유 여행
27. 그리움 속 슬픈 이별
28. 용서
29. 잊혀 가는 그 사람
30. 미운 마음
31. 꼭짓점

안개 속 그림자

(4-1)

멀어져 간다 사라져 간다
가는 너를 붙잡을 수 없었다
보내는 이 맘 너는 알는지?

바람이 불면 허공을 맴도는 너의 그림자
머물지 못할 우리 둘 인연이라면 차라리 오지나 말지

멀어져 간 그리움은 한 줄기 눈물 속 슬픈 사랑이어라

오늘이 가고 내일이 와도 너를 붙잡는 이별
바람 속 흩어지는 안개 그림자 되어 "나" 울게 만든다

"가거라"
"다시 오지 마라"

먼발치에서 보내는 이 마음 환상 속 작별을 고하느니
"넌" 안개 속 그림자 되고
"난" 이별 없는 사랑 다시 찾으리라.

가장 소중한 물건

(4-2)

넌 누구니?
"그거 있잖아" "그거"
그게 도대체 뭔데?
이름도 잘 모른다 보기만 했다
쉽게도 다가갈 수 있고 꼭 있어야 할 물건이다
누가 만들었을까? 참으로 고마운 사람이다
평소엔 관심조차 없었는데 간절한 필요에 의해서 찾게 된다
흔히 접할 수 있다 있으니까 그냥 쓴다
사용하다 싫증 나면 버리기도 한다
하지만 또 찾게 된다 필요한 존재이기 때문이다
닳고 망가지는 너의 영혼 속에서
우리가 살아가는 "삶"의 한 조각인 것을 널 잊어버렸다
보이는 게 전부가 아닌 너의 온몸이 참되고 진실인 것을 ----
인간들은 늘 그렇다 오늘 네가 가장 소중함을 느끼게 해 준다
하찮은 물건이지만 우리의 삶을
풍미한 문화적 공간으로 만들 수 있기에
너에 대한 사랑은 아름다운 동행이 되리라.

생각 or 꿈

(4-3)

생각한다 꿈을 꾼다
상상 속의 생각도 꿈속에서 현실도 모두가 바람일 뿐이다
누구나 꿈을 꾼다
그 꿈이 현실이 되길 바라지만 아쉬움 속에서 미련만을 남긴 채
시간이 지나면 한낱 물거품처럼 사라진다
그래도 꾼다 생각을 하면서 마음속에 담았던 희망을 버리지 못하고
언젠가 이뤄지겠지? 기약할 수 없는데
꿈속에서 살아 숨 쉬는 허황된 삶을 살아간다
버릴 수 없다, 아까워서도 아니다
마음속에 담고서 그 꿈을 쫓아가고 있다
이룰 수 없는 꿈일지라도 가지고 살아 간다
가진 게 하나 없어도 꿈은 있다
마음속에 담은 꿈 나만이 간직할 수 있기 때문이다
생각은 자유지만 꿈은 정신의 환상이다
살아 숨 쉬고 있는 한 내가 가질 수 있는 행복이다
그리고 느낄 수 있다
참되고 거짓이 아닌 나의 영혼 속에서
실현하고 싶은 희망 사항인 것을 ----

붕어빵의 슬픈 이야기

(4-4)

참 이상도 하지? 그 맛이 아니다
배부름에 잊어버린 것일까? 배고픔에 허덕였던 맛일까?
시장 통 모퉁이에 허름한 판잣집 빨갛게 달아오른 연탄불 위
돼지비계의 고소한 기름 냄새와 함께
돌고 도는 시커먼 붕어빵 빵틀기계
쭈그러진 양은 주전자 속 엷은 밀가루 반죽, 양푼에 팥 앙금까지
기역 자 송곳으로 탁 - 탁 소리 내며 뒤집히는
하얀 겨울 속 숨어 살았던 빠삭하고도 달콤한 빵틀기계 속 붕어빵들

지금의 길거리 속 여기저기 나뒹구는
변해 버린 모습의 붕어빵 보면서 아쉽다 한다, 슬프다 한다
한때 배 곯았던 시절로 쉽게 다가설 수 없는 현실의 일상 속에서
초현실적 느낌이 들 정도의 감정도 갖게 된다

지금은 너를 싫어하기도 하고 좋아하기도 하면서 입맛대로 찾게 된다
길거리 포장마차에서도 죽 늘어진 점포들 사이에서 널 찾는다
이제는 지나온 옛 추억의 맛도 점점 잊혀져간다
어쩌면 너의 옛 모습을 잃어버린 슬픈 이야기로 끝을 맺을까보다.

기다림

(4-5)

기다리는 마음
끝이 없어 보이고
이내 가슴 애간장 다 태워 간다

오늘 올까 내일 올까
오기는 오는 것일까?

기다림 속에서 서산에 해 진다

그래도 미련은 남는가 보다
기대하는 마음으로 창문 너머 눈을 돌린다

뚜벅 뚜벅 발자국 소리 행여나 들릴까
귀도 눈도 돌려 보지만
오는 건 차가운 바람 소리뿐

기다림 속에
허전한 마음만 한가득 채워 나간다.

광대들의 반란

(4-6)

리듬에 맞춰 손놀림 시작된다 빨라지고 늘여주고 흥을 돋운다
복제비의 장단에 창과 아니리, 몸짓을 곁들여 촌스럽기도 하고
학문적인 표현을 섞는 연행으로 즉흥공연을 펼친다
서민들의 삶을 사실적으로 그려주고 목소리를 대변해 주면서
살아가는 삶의 현실을 생생하게 드러내 준다
모든 계층의 사람들이 즐기는 예술가로써
보는 이들의 "얼-쑤" "좋다" 등의 흥을 돋우고
누구나 참여 할 수 있도록 유도한다 "참 소박하다"
날이면 날마다 오는 날이 아닌 소리꾼의 삶의 현실도
희망도 전통적인 무대 예술 중 가장 유명했던 장르지만
요즘세상 대중들에게 그리 익숙지 못한 소리로
대중매체에 쉽게 접할 수 없는 점이 아쉬울 따름이다
여러 사람들이 모였던 장소에
판과 소리로 웃음도, 슬픔도 주었던 광대들의 반란들
가만히 생각해보면 그대들이 누구인지? 무엇을 주었는지? 도
지금 우리가 지켜보고 있는 모든 사물들 안으로 사라져간다
고수의 북장단에 맞춰 백가지 의미를 찾아 되새김질하는 그 소리
당신들의 영혼(靈魂)이 익어가는 소리다
소리를 한다 당신들의 느끼는 바로 그것이 "진실 된 삶"이 되리라.

새하얀 새치

(4-7)

여기도 "쑥" 저기도 "쑥"
검은 머리카락 속 새치 된 하얀 머리카락
족집게로 하나, 둘 뽑아도 어느새 그 자리엔
새하얀 새치들 자리 메꿈 해 준다

한 달에 한 번 검정 물로 염색해 보지만
잠시 동안은 검정 머리로 있다가
한참을 지나면 희 득 - 희 득 새하얀 새치로 탈바꿈 한다

그냥 지내 볼까? 생각도 해 본다
하지만 나 자신 허락할 맘 하나 없어 보인다

오늘도 거울 앞에 서면
희 득 - 희 득 새하얀 새치들 하나, 둘 뽑으며
"나이는 못 속인다"는 말 "하나 틀린 말이 아니구나"
새삼스레 느낌을 받는다
이제는 우리 둘 새치 하고 나 하고
저물어 가는 저녁노을 속으로 동행하는 뗄 수 없는 친구 되어버렸다.

"나"에게

(4-8)

태어나 지금까지 "나"를 잊고 살았다
무정한 세월 속에서 그렇게 —

"고맙다"라는 말 한마디 못하고
지금까지 살아온 나날들
무엇이 그리 바쁘게 살아왔는지
"나"란 자신 잊고 살았나 보다

지금에 와 나이 먹고 이 몸뚱이 늙다 보니
무심했던 지난날 늦게나마 생각이 나서
이렇게 "미안하다"라는 말 전해 주고 싶구나

그래도 한세상 지금까지 살면서
"나"를 잊지 않고 "고맙다"라는 말 할 수 있는 내가 고맙지 않니?

이제라도 "나"란 자신 좋은 인연(因緣)으로
"너와 나의 행복한 삶"을 위해
남은 여생(餘生) 한번 잘살아가 보자꾸나.

이별 없는 당신을 가슴에 묻고

(4-9)

떠나시는 당신을 가슴에 묻었습니다
언제까지 우리 두 사람
영혼(靈魂) 속에 함께할 줄 알았었는데
떠나시는 당신을 붙잡을 수 없었습니다
당신을 가슴에 묻었습니다

이제는 볼 수 없는 당신 모습
그리워한들 무슨 소용 있으리오?

지난날 추억 속으로 한 가닥 희미한
빛 되어 버린 "우리 둘 인연(因緣)들"

어느덧 잊혀져 갑니다
저 멀리 당신 있는 그곳까지 떠나려 합니다

하지만 이내 마음잡으려 합니다
우리 둘 아름다운 사랑을 잊을 수 없다고 ──
이연(離筵) 속에 살아 숨 쉬는 그날까지 영원히.

아름다운 사랑의 추억

(4-10)

가을이 가는 끝자락에
이별의 눈물 흘리나 봅니다

살포시 내리는 빗방울 속에다 당신 모습 감춰 놓고서
지나쳐 버린 지난 시간들 속에는 그리움 한가득 남겼답니다

가끔씩 보고 싶은 당신 모습에
스쳐 가는 지난날 우리들의 추억들은
내리는 빗방울 되어 흐르는 냇물 되어 가 버렸어요

가끔씩 생각이 납니다
당신과 나 사랑했던 지난 시간들
이제는 저 멀리 뜬구름 되어 바람 타고 떠나려 하네요
그래도 난 잡고 싶어요
우리 둘 아름다운 사랑의 순간들

언제쯤 돌아올지 모르지만 난 기다릴래요
다시 만나 아름다운 사랑을 나눌 수 있도록 기다릴래요.

성주님 차례 상

(4-11)

국, 밥, 떡, 전, 과일 등에 맑은 곡주 한 잔까지
명절 때면 우리 집 성주님께
차례 상 차려 놓는다
우리 가정 행복한 가정 만들어 주심에
고맙다고 빌고 또 빌었답니다

오늘 아침 마음속 담은 "우리 집 성주님"
정성껏 차려 놓은 추석 명절 성주님 차례 상
잘 드시고 계실는지?

명절 때면 두 차례 차려 놓은 차례 상 마음
그 마음 알아주실까?

일 년이면 두 번
구정과 추석 명절

우리 집 성주님께
정성 들인 차례 상 차려 놓지요.

고향 가 살자

(4-12)

내가 태어나 자랐던 곳
고향 가 살자꾸나

지금은 타향살이 낯선 곳 살고 있지만
마음속 자리 잡은 곳 고향 땅뿐이라네

한 달에 한 번 고향 땅 밟고 살아 보지만
그래도 마음 편히 쉴 수 있는 곳 내 고향뿐이랍니다

이제는 나이 먹고 늙어 가니
고향 생각 그리워지고
정 붙이고 살 수 있는 곳 생각해 보면
고향 가서 사는 마음뿐

창밖에 뜬 초승달 고향엔 둥근 보름달 되고
어느 하늘 아래 살아도 마음속 둥근 보름달 담고서
고향 땅 밟으며
마음 편히 사는 바람뿐이랍니다.

행복한 추석 명절 되소서

(4-13)

휘영청 밝은 둥근 보름달 뜨고
쿵-당 쿵-당 떡방아 찧는 소리
어디서 나는 소릴까?

한가위 보름달 속 당신 한 번 나 한 번
금실 좋은 토끼 부부 떡방아 찧는다

둥근 보름달님
하하 - 호호 하하 - 호호
얼씨구 좋다 하며 옆에서 환하게 웃음 지으면

여기서도 하하 - 호호 저기서도 하하 - 호호

우리 명절 풍성한 한가위 온 가족 둘러앉아
즐거운 마음 하나 가득 행복한 웃음도 하나 가득
마음에 담고서 서로서로 주고받는 재미난 이야기들
오늘 하루만큼은 근심 걱정 다 내려놓고
"행복한 추석 명절 되소서"

누가 하라고 해 까니?

(4-14)

"누가" 하라고 해 까니? 그 말 한마디에 야속다 생각되고
"수고했어" 그 말 한마디 듣고 싶은 말이었는데

서로 간의 무심코 내뱉는 말 한마디에
상대방 마음 아프게 하는 줄 왜? 몰랐을까?

"말 한마디에 천 냥 빚 갚는다"는 우리 옛 속담
머릿속을 살짝 스치고 지나갑니다

그래도 어쩌겠는가?
살고 사는 세상사 돌고 도는 인생사

마음속 서운한 감정 몽땅 다 지워버리고

"이래도 한 세상, 저래도 한 세상"
노래도 한 곡 부르고 막걸리 한잔하며
"하-하-하-하"
크게 한 번 웃음도 지으며 잊고 살아가리라.

불효자 마음

(4-15)

남쪽 방향 장독대 위
작은 빈 밥상 하나
정한수 한 사발, 하얀 쌀 한 사발,
그리고 촛불 한 자루 켜 놓으시고
두 눈 살포시 감으시고 두 손 모으시며

무슨 소원 그리 많아 초삿날 저녁 되면
두 무릎 꿇으시고 빌고 또 빌었답니다
날이면 날마다 자식 걱정, 끼니 걱정
하루라도 마음 편히
사실 날 없으셨던 어머니

이제 와 생각해 보면
지난날 후회만 남을 뿐 무슨 소용 있으리오만
살아생전 우리 어머니
효도 한번 못해 보고
가신 님 생각하니
"불효자 마음"뿐이랍니다.

꼭 잡은 손

(4-16)

네가 먼저 잡을래?
내가 먼저 잡을까?

먼저 손을 내민다
꼭 잡은 손 따뜻한 온기가 느껴진다

때로는 망설여진다
내밀면 잡아 줄까?
잡지 않으면 어떡하지?

가슴 졸일 때 살포시 잡아 주는 너의 손
"고마웠다" "반가웠다"

망설였던 그 마음 날개 달았다
훨훨 날아 그 마음 가져가 버렸다

이제는 말할 수 있다 나는 너에게 너는 나에게
우리 서로 "꼭 잡은 손" 놓지 말자고 ----

잊고 살리라

(4-17)

기억조차 잊고 살리라
까맣게 잊고 살리라

지나온 과거 속으로 모든 걸 묻어 버리고
"물에 물 탄 듯" "술에 술 탄 듯" 그렇게 잊고 살리라

오늘이 가고 내일이 올지라도
마음 속 담은 희미한 기억조차 지워 버리고
그리 그렇게 잊고 살아가리라

살다 보니 "이 세상"
살다 보면 "저 세상"
우리네 인생은 빈손일세

돌고 돌아
가진 것도, 줄 것도 없는 빈손 인생
그리 그렇게 잊고 떠나가리라.

문득문득 생각납니다

(4-18)

문득 문득 생각납니다
당신과 함께한 시간들이

그리움 가득 가슴에 담고서
지나간 세월 그리워 한답니다

문득 문득 생각납니다
당신의 해맑게 웃는 그 모습들이
지금 내 마음에 남은 것들 그리움뿐이랍니다

문득 문득 생각납니다
우리 둘만의 행복했던 지난 시간들이

오늘 밤 당신을 만날 수 있는
꿈속의 시간들 기다릴래요

그리고 지난날 못다 한
우리 둘 사랑 가지고 싶답니다.

빈털터리 마음 하나

(4-19)

하루를 살더라도 마음 편히 살아 봤으면

그 곳이 어디일까?
내 마음 편히 쉴 수 있는 곳

이곳저곳 둘러봐도 내가 쉴 수 있는 곳, 그 어디에도 없다

하늘 나는 저 새들처럼 내게도 날개 있다면
훨훨 날아 그곳으로 찾아가련만

오직 나에겐 아무것도 남은 게 없는 슬픈 마음 하나뿐

세월은 가고
남은 건 이 몸뚱이 하나
찾으려 애를 써 봐도
나에게 남은 건 빈털터리 인생 하나뿐이다
뒤돌아본다 아무 것 없다
마지막 남은 "삶"의 한 조각 잃어버렸다.

마음에 담고 살아요

(4-20)

가느다란 앵두나무
가지에 따-닥 따-닥

쪼그마한 새하얀 꽃들
앙증맞게 피었어요

길가 옆 노란 수선화 꽃
살포시 얼굴 내밀고

오가는 사람들 보고
자기가 봄 여신이라고 자랑합니다

울타리 밑 노란 꽃 개나리
기지개 켜며
따뜻한 봄날은 자기들 세상이라며 반겨 주지요

여기는 하얀 꽃 저기는 노란 꽃
아름답고 따뜻한 "봄의 여신" 마음에 담고 살아요.

사모하는 이 마음

(4-21)

오늘 내 곁으로 다가왔어요
그리워했던 그녀가
마음속에 담았던 그녀가
가슴은 뛰고 얼굴은 달아오르고
무슨 말 해야 좋을지 그녀 얼굴 바라만 보았지요
때로는 "좋아한다"고 "사랑한다"고 말해야지
다짐을 하고 있었지만
그녀를 본 순간 말문이 딱 막혀 버렸어요
그녀는 애타는 이 마음
알고 있을까? 생각을 해 보지만
나만의 착각일까? 혼동일까?
나 그녀를 언제부터 좋아했는지도 모르는데
나 어쩌면 좋아요?
마음속에 담았던 그녀를
가슴속에 품었던 그녀를 잊지 못하고
아직까지 바라만 볼 수밖에 없는
"사모하는 이 마음" 어찌하라고?

그림을 그리고

(4-22)

마음속으로
상상 속에서 그림을 그리고
잠시나마 생각 속에 산답니다

시간이 지나면 허망한 그림인 줄 알지만
그 그림 마음에 담고 살아가고 있답니다

때로는 마음속 그 그림을
현실인 줄 착각 속에 빠진 적도 있구요
하지만 마음속으로 그림을 그릴 때면
그 시간만큼은 행복한 순간이기에
놓치고 싶지도 버리고 싶지도 않은 이 마음
오래도록 간직할 수 없을까요?

빠져도 보고 싶습니다
마음이 가는 데로 이 마음 응하는 데로
마음속으로 상상 속에 담았던 그 그림 속에서
한 번쯤 행복한 "삶" 살아 봤으면 하는 바람도 가져 봅니다.

우리 인연 여기까지

(4-23)

언제 오셨던가요?

오신다는 기약 없이
마음대로 오셨네요?

잠시 동안 머물다
정 주고 가시려거든
착각 속에서
한세상 혼자 살다 가시구려

기다리는 이 마음 달랠 길 없어
오셨다가 가시려거든 오지를 마소

혼자서 독수공방 외로운 밤 지새우니
차라리 오지 말고 혼자서 사시구려

우리 인연은
여기까지가 끝인가 보옵니다.

그 빈자리에서

(4-24)

하나, 둘 툭툭 털며 자리를 뜬다
언제 앉았는지 기약도 없다
무심코 앉았던 그 자리
다른 이들 예약된 자리가 아닐는지?

필요에 의해 찾게 되지만
잠시 동안 머물 수 있는 자리일 뿐

앉았다 일어서고 또 앉았다 일어서고

"너"는 가고 "나"는 오고

언제나 변함없는
그 빈자리 기다림 뿐인걸

그래도 가지고 산다
네가 다가올 수 있는 "마음속에 여유"를
채워 줄 수 있는 그 빈자리에서 널 기다리며 ----

과거 속으로

(4-25)

길 가다 우뚝 선다
그리고 뒤돌아본다
외로움뿐이다
뿌연 안개 속 그림자 하나
지나온 과거 속으로 사라져 간다
흐르는 강물 따라 지난 세월도
한 가닥 물줄기 되었다
그 속에 "나" 떠밀려 간다
멀어져 가는 하나의 물방울 되어서
잡아 보려 하지만 잡을 수 없다
세찬 물줄기에 휩쓸려 점점 멀어져 간다
지울 수 없는 기억들
방울방울 맺힌 하나의 물방울 되어서 점점 사라져 간다
생각해 본다 지난날의 너에 대한 모습들
과거 속으로 사라져 간 아주 옛날의 모습된 순간들을
멀어져 간다 사라져 간다
하나의 물방울 되어서 흐르는 강물과 함께
"과거 속으로" 묻혀서 간다.

자유 여행

(4-26)

오늘은 미래형일까?
아님 현재형일까? 과거형일까?

밀려오는 눈꺼풀
살포시 감고 나만의 꿈속 자유 여행 나선다

목적지도 없다
어떤 여행일지 정처 없이 떠나는 자유 여행길이다
어느 땐 즐거운 여행 행복한 여행 무서움 주는 여행이 되기도 한다

미지의 상상 속 그린 그림
잠에서 깨고 나면
생생한 생각 속의 그림을 그리고
희미한 기억 속의 잊어버린 그림을 그린다

그리고 또 그린다
하지만 현실이 될 수 없는 그림일 뿐
그것이 꿈속에서 자유 여행이 아닌가 싶다.

그리움 속 슬픈 이별

(4-27)

이 세상 어디에도 없습니다
찾아볼 수 없는 이별이기에 더욱더 슬픈 이별이 아닐는지요?
올 수 없는 당신은 그저 먼 기억 속으로 내게 다가옵니다
당신이 보고파지면 꿈을 꾸지요
꿈속에서의 당신은 아무 말도 하지 않지요
그저 보는 것만으로 행복을 얻는 순간이니까요
말없이 멀어져 갑니다 멀어져 가는 당신의 뒷모습
쓸쓸함이 담겼습니다 외로움도 함께 느꼈습니다
어쩌면 떠나는 당신도 헤어짐 속 슬픔을 안고
아쉬운 작별 인사 하지 않으려 그렇게 말이 없었나 봅니다
그래도 괜찮아요? 그리움 속 당신은 언제나 내게 다가올 수 있으니까요
오늘 난 떠나 버린 기억 속으로 당신을 찾아가려 합니다
현실 속에서 당신을 볼 수 없지만
당신을 만날 수 있다는 내 마음 속 기쁨은
행복 그 자체를 쫓아갈 따름입니다
이젠 슬퍼도 하지 않으렵니다
이 세상 어디에서도 만날 수 없는 이별이었지만
그건 그리움 속 슬픈 이별로 남아 있을 뿐
우리의 만남은 영혼 속 아름다운 사랑으로 간직할 수 있으니까요.

용서

(4-28)

어렵다
참 어렵다
"너"란 용서는

받고 싶다
해 주고 싶다
"너"란 용서를

너도 산다
나도 산다
용서란 "힘"은

넌 "화해"와 "치유"를 가진다.

잊혀 가는 그 사람

(4-29)

점점 멀어져 간다
기억 속에서 그 사람이

잡으려 손을 펼쳐 보았죠
닿을 듯 말 듯 희미한 그림자 된 그 사람

저 멀리 한 걸음 달아나 버렸죠
그리움 한 아름 내게 안겨 놓고서

지나간 세월 속으로 묻혀 가 버렸죠
나를 웃게도 해 주고 울게 해 줬던 그 사람이

가끔은 생각이 나겠지만
지금 그런 사람 또 없습니다

보낼 수밖에 없었던 내 마음 가져간 사람
이제는 점점 잊혀 가네요
기억 속에 남아 있던 그 사람 잊혀 갑니다.

미운 마음

(4-30)

가진다 그리고 사라진다
애처로운 마음도 든다
널 가지는 건 한순간이기도 하다
이해를 못 하는 건 아니지만 그래도 생긴다
잡을 수 없다 참을 수도 없다
순간의 선택도 생각하기 나름이지만
그 순간만큼 아무것도 없다
그저 "미운 마음"뿐
시간이 지나면 후회도 한다
"왜 그랬을까?"
조금 더 가까이 다가가 안아 줄 것을 ----
무엇이 그 마음 빼앗아 갔을까?
"참으로 못됐다"
지나버린 시간은 되돌릴 수 없는데 ----
차라리 미운 마음 가져나 가지?
생각 또 생각 마음이 아프다
아파하는 이 마음 다 버리고 "그래" 말 해야지?"
미운 마음 내려놓고서 "미안하다"라고 말 해야지.

꼭짓점

(4-31)

선 하나에
꼭짓점 둘
너 하나 갖고 나 하나 갖고
우리 둘 평행선 만들자

선 하나에
꼭짓점 둘
점 하나 마음을 담고
점 하나 사랑을 담아

마음 담고 사랑을 담은
너와 나의 일직선 되었다

선 하나에
꼭짓점 둘
너와 나의 "삶"의 인생 선
"고맙습니다"
"감사합니다" 그래야 된다고.

제5절

마음을 담아 보내리
이런 내가 "너" 지금 고마울까?

1. 생각만 하는 아쉬운 만남
2. "홍시 하나" 고맙습니다
3. 셋방살이 생쥐 한 마리
4. 밥그릇 인생
5. 삐쭉쟁이 나의 아씨님
6. Candy 게임 친구 되었네
7. 하얀 백설기 한 입
8. 때가 되면
9. 좋은 사람
10. 아침밥 먹을까? 저녁밥 먹을까?
11. 진심어린 사과
12. 호주머니 살찌는 소리
13. 내 피부 너는 알려나?
14. 기다리는 마음
15. 열 손가락
16. 다래끼 손님
17. 떨어져 살아 봤으면
18. 수렁
19. 어떤 인연
20. 시간
21. 사랑님
22. 입술
23. 영혼 속의 길
24. "사랑"한다는 말
25. "지평선 축제"에서
26. 차 한 잔의 여유
27. 발자국 소리
28. 마음속 그리움
29. 땀방울
30. "네 손" "내 손" 꼭 잡고
31. 무릎베개
32. 시인의 영혼
33. 믿고, 참고, 기다릴게요
34. 미움
35. 고생했다
36. 동생

생각만 하는 아쉬운 만남

(5-1)

우연히 마주친 인연 속에서
당신을 마음속으로 담았습니다

생각을 하고 또 하면서도
우리의 만남은 우연이 아닌 운명의 만남으로 생각했지요

때로는 당신과 만남을 생각하면서
잠시 동안 마음속 행복을 찾았습니다
오늘 만날까?
내일은 만날까?
당신을 만나고 싶은 이 마음 짝사랑 마음일까요?

하루에도 몇 번씩 당신이 보고파지면
먼 하늘 바라보며 마음속에 당신 얼굴 그린답니다

당신과 나의 우리 둘 만남은
우연한 인연 속에서 그렇게 생각만 하는
아쉬운 만남이었나 봅니다.

"홍시 하나" 고맙습니다

(5-2)

책상 머리맡 놓여 있는
뾰족 감 홍시 하나

고마움 하나 주고서
마음 하나 받았습니다

무거운 짐 보따리 들어다 주고
"고맙습니다" 말 한마디 함께 건네준 홍시 하나

우연한 인연 속에서 좋은 일 하나 해 주고
뾰족 감 홍시 하나 마음에 담았습니다

붉은색 띠는 뾰족 감 홍시 하나

책상머리맡에 두고서 저물어 가는 올 한 해

그리움 속으로 한가득 담았답니다.

셋방살이 생쥐 한 마리

(5-3)

득 - 득 - 득
득 - 득 - 득
컨테이너 천장 속 생쥐 한 마리
이빨 가는 소리 들린다

그것도 아침저녁 시도 때도 없이 갈아 대는 생쥐 한 마리
언제쯤 이사 왔을까?

인사도 없다 얼굴도 모른다
염치 참 좋다 주인장 허락 없이 이사도 하고

그래도 어쩌겠는가?
날씨 쌀쌀해지고 오갈 데 없어
셋방살이하는 생쥐 한 마리

셋방살이 살면서 월세 한 푼 안 내고 제 집인 양 잘도 사는데
사는 동안만큼은 조용히 살다 이사 가길 바랄 수밖에 없습니다.

밥그릇 인생

(5-4)

밥 톨 하나하나
담아 온 내 인생
고봉밥 한 그릇에
내 인생 담았다

사는 게 무엇인지
먹고 또 먹고
지금까지 살아온
밥그릇 인생이었어라.

밥 톨 하나하나
채워진 밥 한 그릇
크고 작은 밥그릇에
내 인생도 담았거늘
행여 깨질세라
애지중지했던 밥그릇
이제는 주워 담을 수 없는
밥그릇 인생 되었다.

삐쭉쟁이 나의 아씨님

(5-5)

삐쭉 삐쭉 삐쭉쟁이
토라진 나의 아씨님
영문도 모르는데 왜 삐졌을까?

토라진 얼굴 보니 귀엽기만 하구먼
귀여운 그 얼굴에 뽀 뽀 한번 해 줄까?

삐쭉 삐쭉 삐쭉쟁이
삐져 버린 나의 아씨님
오늘은 무슨 일 왜 삐졌을까?

잠깐 사이 토라진 얼굴 보니
웃음기 한가득

웃을 수도 없고 참고 있노라니
애간장만 다 태운다.

Candy 게임 친구 되었네

(5-6)

여기서 팡
저기서 팡
팡 - 팡 터지는 휴대폰 속 Candy 게임

색색이 화려함 속 모양도 가지가지
먹고 싶고 갖고 싶은
휴대폰 속 Candy는
우리 집사람 친구가 되었다

잠시 동안 집안일 멈출 때면
팡 - 팡 터지는 휴대폰 속 Candy 게임 하면서
마음속 담은 스트레스 날리고
입가에 웃음기 살짝 담고 즐거움 맛보는 우리 집사람

오늘도 내일도 휴대폰 속 Candy 게임 하면서
웃음 가득한 행복한 "삶"
살기를 바란답니다.

하얀 백설기 한 입

(5-7)

펑 - 펑 함박눈 내리고
펄 - 펄 싸락눈 내린다

살랑 살랑 하얀 눈꽃송이
메마른 나뭇가지 살포시 쌓이고

푸른 소나무 잎새
수북수북 내려앉는다

겨우내 차가움 한가득
얼어붙은 이 마음
널따란 시루 속에 하얀 쌀가루 담뿍 담고서
하얀 백설기 한소끔 쪄 내 볼까?
따뜻한 하얀 백설기 한 입 물어 볼까?

마음속 담고 있는 하얀 백설기
눈 녹듯이 녹아 버렸다.

때가 되면

(5-8)

때가 되면 오겠지요
기다림에 지친 "나"
보러 오겠지요

때가 되면
오겠지요

온다던 그 약속
지키러 오겠지요

서두르지 마세요?

그럴수록 더 기다려지는 법

인연(因緣)이란 운명적 만남 아래서
"너"와 "나"
때가 되면 만나겠지요.

좋은 사람

(5-9)

옆에 있어 웃을 수 있는 사람
옆에 있어 행복할 수 있는 사람
그런 사람이 좋은 사람입니다

때로는 내게 다가와
슬플 때 위로해 주고
지난 세월 속
고맙다고 손잡아 주었던
그런 사람이 좋은 사람입니다

지금은 내 곁에 없는 그 사람

함께했던 지난 세월
자꾸만 생각나고
그리워지는 사람

그 사람이 좋은 사람이었습니다.

아침밥 먹을까? 저녁밥 먹을까?

(5-10)

"푸-우" "푸-우"
밥 짓는 소리

하얀 쌀밥 지을까?
오곡밥 지어볼까?

고단해서 "푸-우" "푸-우"
나이 들어 "푸-우" "푸-우"
밥 짓는 검은 솥
인생 주걱 올려놓고

아침밥 먹을까? 저녁밥 먹을까?

"푸-우" "푸-우" 밥 짓는 소리에
뱃속에선 "꼬르륵" "꼬르륵" 밥 들여보내 달란다
"푸 - 우" "푸 - 우" "꼬르륵" "꼬르륵"
두 소리 장단 맞춰 듣기 좋은 우리 가락 만들며
곤히 잠들어 있는 모습 보면서 마음의 평온함 찾아갑니다.

진심어린 사과

(5-11)

사과를 받았다
진심인지, 거짓인지 모르면서 받아 주었다
믿었다
진심이 담겨져 있는 걸
너의 두 눈에 맺힌 그 눈물 보면서 —
무엇을 잘못했는지?
마음속에 담고 있는 너에 진심어린 사과를 받아주고 싶었다
따뜻한 사랑하는 마음으로 감싸 안아주고 싶었다
너에 진심어린 사과
우리 두 사람 사랑의 첫걸음이 될 수 있다
마음과 마음을 연결 해 주면서 잘못한 지난 과거를 지우고
우리의 새로운 미래를 바꿀 수 있는 참신한 힘을 가진다
너의 진심에서 우러난 사과
그 용기는 우리 서로 잊었던 신뢰를 회복한다
소중한 인연(因緣)의 사랑도 다시 찾았다
너는 너대로, 나는 나대로 받아들이지 못한 슬픈 사연들
이제는 너와 나 진심어린 사과 하나의 문장을 두고
눈물과 슬픔모두 가슴에 묻고 잊어버리자꾸나.

호주머니 살찌는 소리

(5-12)

입맛 까다로운 사람들 맛있다고 난리 났다
고향에서 먹던 맛 그대로 쉿, 고객님께만 드립니다
보여주니 홀딱 넘어 간다 살까? 말까? 망설이다 꾹꾹 누른다
"우선 사고보자" 마음속에 담았다
무료 배송 해 준다 너도 나도 휴대폰 들고 잘도 누른다
요즘 세상 참으로 편리한 세상
이런 사람은 할 줄 몰라 눈으로 먹는다 입속에 고인 침 꼴깍 삼킨다
맛있어 보이는 걸 어떡하라고? 요동을 친다
가벼워지는 호주머니 만지작거리다
생각과 행동에서 되새김질 하는 의미를 찾아내 부끄러워한다
먹고 싶은 마음속에 가진 걸 웃으면서 내려놓는다
내가 쳐다보고 있는 사물들 속으로 들어가 느끼는 바로 그것이 되어
그 감정 모두 지워버린다 시기와 질투가 없는 마음 하나로 나를 잊는다
보이는 게 전부일까? 마음속에 가진 진실만큼은 사실이다
속일 수 없다 생각해 보면 닿을 수 없는 먼 곳이기에
나의 시선 끝에 아직은 네가 있다
먹고 싶은 삶의 한 조각 같은 마음인줄 알았는데
너의 가치는 가벼워지는 호주머니 살찌는 소리다.

내 피부 너는 알려나?

(5-13)

오늘 아침 찬바람 분다
깜짝 하고 내 피부 놀랐나 보다
까칠 까칠 가시 돋았다
두 손도 모으며 움츠러든다

나의 몸 보면서
벌써 겨울님 오시려나? 물어본다

어제는 더웠다 오늘은 추웠다
요즘 날씨 왜 이래?
변덕쟁이 날씨가 되어 가는지
알다가도 모를 날씨 되어 버렸다

입는 옷도 어제는 반팔 입었다 오늘은 긴팔 입었다
어떤 옷 입어야 할지 알 수 없이 하루 날씨 변한다
하루 건너 변하는 날씨
춘(春) 하(夏) 추(秋) 동(冬) 사계절 어디 갔을까?
계절도 잘 모르는 요즘 날씨 내 피부 너는 알려나?

기다리는 마음

(5-14)

생각난다 생각이 나
온다는 말 듣고 생각이 나

왔다 가면 마음 속 허전함
한동안 지니고 산다
그래도 보고파지는 그리움
어찌할 수 없는가 보다

살다 보니 잊고 사는 게 아닌지?
주어진 "삶" 속에서 잊은 건 아닌지?

가끔은 보고픈 마음 간직하고 살아가지만
그래도 온다는 소식에 기쁜 마음 가지고 기다려진다

내일 올까? 모레 올까?
기다리는 마음에
날짜는 왜 이리 안 가는지?
온다는 날 기다리며 눈 빠지겠다.

열 손가락

(5-15)

왼쪽, 오른쪽 합이 열
하얀 초승달, 하얀 반달까지
모양도, 크기도, 하는 일도 제각각
너 없인 일 초도, 한 시간도, 하루도 가질 수 없다

어머니 뱃속에서부터 가지고 태어나
세상 밖으로 허우적거리며 무엇을 잡을까?
쥐고 펴고, 쥐고 펴고 잡히는 무조건 입속으로 들어간다
먹고 살려고 그랬다
주어진 삶 하나 지키려 그랬다

엄지, 검지, 중지, 약지, 새끼까지 저마다 이름도 가졌다
온갖 사물과 만나고, 부딪치고 생존을 위한 희생을 한다

깨물어 본다 열 손가락 중 아프지 않는 손가락이 어디 있으랴?
보며 말한다 세월 속에서
인생 속에서 그렇게 너희 모두 잊고 살았노라고 —

다래끼 손님

나의 왼쪽 눈
달갑지 않은 다래끼 손님 찾아왔어요
"눈지방 붓고" "눈물도 나고"
나이 들며 면역력 떨어져 다래끼 손님 찾아왔나 봅니다

옛날에 다래끼 나면 옆에 가지 말라 했는데
"옮는다고"
그 말 사실이면 어떡하죠?
"창피해서"

여태껏 한 번도 찾아오지 않던 다래끼 손님
왜 찾아왔을까?

궁금하면서 눈곱도 끼고 불편해서
빨리 갔으면 하는 마음 간절합니다
반겨 줄 마음 하나 없으니 다신 오지 말기를 간절히 바라면서
"다래끼 손님 안녕히"

떨어져 살아 봤으면

(5-17)

오늘 하루 잘 지냈니?
싶었는데 그게 아니다

시시때때로 변하는 마음 어찌할거나?

40 평생 같이 살아온 마음속
이제 와 남은 건 지겨움뿐인가요?

떨어져 살아 봤으면 하는 그 마음속 쓸쓸함만이 자리를 잡고
지나온 세월의 "삶"은 아무런 의미가 없는가 보네요

돌이켜 생각해 보면
그저 허망함과 늙어 버린 이 몸뚱이 하나만 남았을 뿐인 걸요

살아생전 이제는 가야 할 길 찾아서
"너는 너대로" "나는 나대로"
하루라도 마음 편히 살아가 보자구요.

수렁

(5-18)

빠져든다
몸부림친다
그럴수록 더 빠져든다

잡으려고 한다
아무도 없다
손을 펼쳐 보지만 허우적거린다

안타깝다
참 슬프다
그리고 사라진다

"삶"의 무게
힘들었던 곤욕 속으로 묻혀 버렸다.

어떤 인연

(5-19)

고요함 속 외침소리 하나 없다
적막함조차도 산등성이 허리를 감싸고 조용히 자리 잡는다
귀로만 들을 수 있는 진동수를 가진 낙엽들의 바스락 소리
무엇을 말하려 하는지 눈먼 장님처럼 마음으로 많은 것들을 가지려한다
울퉁불퉁 바위에 두른 푸른 이끼사이
밤낮없이 졸졸졸 흐르는 가느다란 물줄기들
어디로 날 데려갈지, 그곳은 알 수 없지만 네가 가는 길 따라 나선다
정말 가는 이 길이 맞는 건지?
가만히 숨 쉬고 있을 때 내가 다가갈 수 있는 곳은 아득히 먼 곳이라
모든 것들 어긋난 듯이 흩어져버린 지나온 삶의 흔적들
어렴풋이 떠올려보면 스쳐가는 그리움만 남게 돼
허전한 마음 뒤로 한 채 떠나보낸다
보이는 게 전부일까? 내가 누구인지 까맣게 잊어버린다
수많은 세월 속에 모든 만남은 이별을 맞는다
새로운 시작도 가져다준다 내게 다가오는 한 조각의 "삶"을 찾으려한다
굽이굽이 산등성이 어둠이 밀려온다
하얀 옅은 안개도 군데군데 소리 없이 자리를 함께한다
오늘 하루 간다 너의 시선 따라가 보니 이곳에 더는 내가 없다
영원할 것 같은 너와의 인연 끝을 보인다.

시간

(5-20)

간다, 온다
과거와 현재, 미래 속에서
넌 태어나고 죽는다

시각과 시각 사이
네가 있다
세월의 시기와 질투
너에게 있다
꿈과 현실
그 속에 "너" 살아 숨 쉰다

떠나보낸다
단지 너와의 이별
시작일 뿐이다
무한한 공간 속으로 나타났다 사라진다

"생명" 그 자체는 없을지언정
"너" 영원할 것이다.

사랑님

(5-21)

한 고개 오셨나요?
두 고개 넘어 오셨나요?
굽이굽이 고갯길 넘어서 사랑님 오신다는데
쿵닥 쿵닥 뛰는 이내 가슴 감출 수 없어
고갯마루 올라서서 님 오시는 길 바라보고 있노라니

먼 산 위 아지랑이 너풀너풀 춤추며 우리 님 마중 나왔나 보다

"사랑님아" "사랑님아"
나 사는 곳 이곳까지
한걸음에 달려오소
두 걸음에 달려오소

기다리는 이내 가슴 다 녹기 전
어서 빨리 달려오소

고갯마루 휘영청 밝은 달
기다리고 기다렸던 내 맘 너는 알려나?

입술

(5-22)

주고 싶다
받고 싶다
살포시 다가온다
부드러운 너의 향기
나에게 사랑을 심었다

가냘프다
사랑스럽다
따뜻함도 준다
따뜻한 너의 온기 내 몸 깊숙이 파고든다

느낀다
아름다운 사랑을

소중함을 간직한 채
자연스럽고 영롱한
너의 예쁜 입술 하나쯤 나에게 있다.

영혼 속의 길

(5-23)

울고 싶다
펑펑 소리 내고 울고도 싶다
마음속 응어리 떨쳐 버리고 싶다

세찬 빗줄기 속
하염없이 걷고도 있다
답답한 이 마음 씻어 버리려

혼자만의 외로움 가득 안고서
산다는 게 무엇인지 알 수도 없다

가야 할 길 찾지 못하고
허공만 맴도는 이 마음
시작도 없고 끝이 없어라

빈손으로 왔다가 빈손으로 가는 인생
그 길은 아마도 영혼(靈魂) 속 길인가 보다.

"사랑"한다는 말

(5-24)

어렵다
하기도 쉽다
가슴속에 묻었나 보다

지금까지 살아온 "삶" 속에서
어쩌면 잊고 살았다

"사랑"한다는 말 그 한마디
뭐 그리 어려운 말이라고
마음속 담고 살아 왔는지? 모른다

"해야겠다" "해야겠다" 생각도 한다
하지만 입안에서 뱅뱅 돌며 머문다
어느새 흔적 없이 사라진다

이제라도 내 맘 담아 말하고 싶다

"당신을 영원히 사랑한다"라고.

"지평선 축제"에서

(5-25)

파란 가을 하늘 아래
황금빛 물결 마음에 담았다

풍요로운 인심 속에
가을걷이하는 농부님들
잠시 동안 손에 손잡고
덩실덩실 춤추며 우리 함께 놀아 보세

"하늘과 땅" 끝없는 지평선에
우리가 살고 있는 소중한 "삶"이 하나요
행복 찾는 "삶"은 둘이라오

"사람들아" "사람들아"
"어서 오소" "어서 오소"
풍성한 요 잔칫날 나도 한몫 끼워 주소?

우리 고장 "지평선 축제"에서
넉넉한 마음 한 바구니 담고 가시게나.

차 한 잔의 여유

(5-26)

봄바람 살랑살랑 부는 쉼터
종이컵 차 한 잔 마시다 말고

고개 들고 파란 하늘
바라볼 때면
뜬구름도, 뭉게구름도
나를 부른다

먼 산 아지랑이 한들한들 춤추며 피어오르니
노랑나비 한 마리 날갯짓하며 짝을 찾는다

마음에 담은 하얀 도화지 위 파란 물감 색칠하고
노란 물결 일렁이는 "봄"이란 또 한 계절
우리 곁에 다가왔어요

봄이 찾아온 쉼터
연필 한 자루 공책 한 권 옆에 놓고
종이컵 차 한 잔의 여유 찾으러 합니다.

발자국 소리

(5-27)

발자국 소리 들린다
뚜벅뚜벅 가까워진다
가슴은 쿵당 - 쿵당 기다리던 임 오시나 보다

창문 열고 살포시 얼굴 내민다
마주칠까?
가슴 졸이며 바라보지만

찬바람 쌩- 하고 얼굴 스친다

언제 오시려나?
이제나저제나 기다리는 이 마음 어찌하라고?

뚜벅뚜벅 발자국 소리 들릴까?
가만히 귀 기울여 보지만
창문 넘어 들려오는 건 차가운 바람 소리뿐
이 마음 허전한 마음
그리움 속으로 사라져 간다.

마음속 그리움

(5-28)

가까이 다가와 마음에 담았다
더 가까이 다가와 가슴에 품었다

마음속에 담은 그리움은
너를 향한 그리움인가?

가슴속에 품은 그리움은
혼자만의 외로움 속 그리움인가?

상상 속에 "너" 그려 넣고
마음속에 "너"를 담았다

오늘이 가고 내일이 오는 길목에 서면
"너"를 좋아했다
"너"를 사랑도 했다는 그 추억 생각이 나서
떠나 버린 널 잊지 못하고
그리움 속 네 모습 그리며
지그시 눈을 감고 이 마음 달래며 오늘 하루 보낸다.

땀방울

(5-29)

방울방울 땀방울
송골송골 물방울
이마에 땀방울 맺히고 콧등에 물방울 맺혔다

더워 더워 땀방울
손에 쥔 부채질 하며
덥다는 말 절로 나오고

방울방울 물방울
벌컥벌컥 시원한
물 한 사발 마신다

방울방울 땀방울
송골송골 물방울

이마에는 땀방울
콧등에는 물방울
여름이 익어 가는 방울 소리 들린다.

"네 손" "내 손" 꼭 잡고

(5-30)

"네 손" "내 손" 살포시 꼭 잡았네
"마음의 정" 나누려고 꼭 잡았다

"네 손" "내 손" 깍지 끼고 꼭 잡았다
"사랑의 정" 나누려고 꼭 잡았다

"네 손" "내 손"
우리 둘 손잡고

지나온 세월 속
"고마운 정" 나누며

"행복한 정" 하나 가득 안고서
영원히 함께 갑시다.

무릎베개

(5-31)

살포시 누워 봅니다
당신의 무릎베개에

부드러운 촉감에
나의 볼 적시면
당신 옆에 있어 행복하답니다

살포시 베어 봅니다
당신의 무릎베개에

지금까지 몇 번 베었을까?

세어도 보지만
떠오른 건 당신과 함께한 행복한 시간들뿐인걸요?

"바늘에 실 가듯이"
당신하고 나하고 우리 둘 사랑을 위해
영원히 함께 갑시다.

시인의 영혼

(5-32)

길을 걷다 문득 네가 생각이 난다
대화를 나누다가도 널 찾는다
무심코 생각나서 그렇게 널 만난다
수많은 상상 속에도
어제의 슬픔 속에도 오늘의 기쁨 속에도
그렇게 너와 나 우리의 만남은 이루어진다
너와 나 한 몸 되어 어우러지고
보듬고 다듬어 하나의 조화를 만든다
그것은 곧 우리의 결정체일 것이다
짧게도 길게도 우리의 인연 결과물 속에서 익어 간다
세상 밖으로 한 걸음 한 걸음 디딤돌 밟으며
천천히 아주 천천히 다가오려 한다
네가 다가올수록 난 널 어루만진다
포근히 감싸안아 주었다
"나"의 손끝에 닿은 너의 영혼
마음속 깊이 자리를 잡는다
그리고 일깨워 준다
아름다운 너의 사랑 잊지 않기를.

믿고, 참고, 기다릴게요

(5-33)

당신이 떠나실 때

돌아오신다는 그 말씀
믿고 기다릴게요

당신이 떠나신 후
그리워하는 이 마음
참고 기다릴게요

마음 아파하지 않을래요
슬퍼하지도 않을래요

당신과 나의
"우리 둘 사랑"

"믿어요"
"참아요"
그리고 기다릴게요.

미움

(5-34)

가슴에 품었다
버리지 못하고 버려야 한다지만 그리 쉽지 않다
한번 품은 널 떠나보내지 못하고
자꾸만 되새김질하는 이 마음 어찌할꼬?
때론 머릿속을 벗어나려 몸부림친다 복잡해진다
생각 속에서 메아리친다
한번쯤 아니 영원히 너한테 벗어나고 싶지만 어느 땐 더 가지게 된다
잊으려 하지만 허락하지 않는다 떨쳐 버릴 수 없다
가면 갈수록 하나, 둘 더 자리 잡는다
머릿속에 남는 것도 아닌데 참으로 안타까운 마음일 뿐이다
버리고 싶다 그래야 내가 사니까
나는 널 필요로 하지 않는데 내 곁에 머물고 있다
사랑으로 감싸 줄까? 마음먹어 보지만 잠시일 뿐
떠나 버렸다 돌아볼 틈도 주지 않고
변명조차도 할 수 없게 그렇게 ——
가만히 생각해 본다 네가 누구인지?
네가 날 버리고 네가 날 떠난 그날이 자주 웃는 날이 될 것이다
그리고 편안한 마음으로 환희의 찬가를 불러 보리라.

고생했다

(5-35)

마음을 담아 건넨다 "오늘 하루 고생했다"라고
때로는 미안한 마음도 안타까운 마음도 가진다
대신 해 줄 게 없다 그저 옆에서 바라볼 뿐이다
하루해 지기 시작하면 기다려진다 언제 오려나? 하고
온다는 소식 듣고 마음이 놓인다 안도하는 마음 가지고
어느 땐 이별을 생각한다
헤어짐이 두렵고 마음이 아파 온다
떨어져 살 수 있을까? 상상 속에 잠기기도 한다

언젠가 이별을 맞는다 하지만 "지금은 아니다" 생각을 한다
괜시리 지금부터 마음 아파할 필요 뭐 있겠는가? 싶다
세월이 약이 된다는 말 그때 가서 먹어 보자
때가 되면 더 좋은 인연으로 살아갈지 아무도 모르는 일
오늘 하루도 길고도 짧은 시간이지만 기다려진다
기다리는 이 마음 너는 알는지?
헤어짐 속에 아쉬운 작별이 얼마나 안타까운지?
오늘 하루 마음속에 담고 살아가리라
"고생했다"라는 그 말 한마디 네 가슴 속 깊이 닿을 때까지.

동생

(5-36)

동생이 먼저일까?
오라버니가 먼저일까?
정으로 맺은 우리 사이
"그래 동생 네가 먼저다"

마음속에 담았다
그리움 속에 담았다

생각할 때 좋았다
옆에 있을 때 더 좋았다

가까이 있어도
보고 싶다
멀리 있으면
더 보고 싶다

내 마음 속엔
항상 네가 있어 행복하다.

글쓴이란 이름으로

ⓒ 심정기, 2025

초판 1쇄 발행 2025년 3월 21일

지은이	심정기
펴낸이	이기봉
편집	좋은땅 편집팀
펴낸곳	도서출판 좋은땅
주소	서울특별시 마포구 양화로12길 26 지월드빌딩 (서교동 395-7)
전화	02)374-8616~7
팩스	02)374-8614
이메일	gworldbook@naver.com
홈페이지	www.g-world.co.kr

ISBN 979-11-388-4089-7 (03810)

- 가격은 뒤표지에 있습니다.
- 이 책은 저작권법에 의하여 보호를 받는 저작물이므로 무단 전재와 복제를 금합니다.
- 파본은 구입하신 서점에서 교환해 드립니다.